SHANGHAI SECURITIES REGULATORY
ANNUAL REPORT（2020）

上海证券期货监管年度报告

2020 年

中国证券监督管理委员会上海监管局
上 海 上 市 公 司 协 会
上 海 市 证 券 同 业 公 会 编
上 海 市 基 金 同 业 公 会
上 海 市 期 货 同 业 公 会

上海财经大学出版社

图书在版编目(CIP)数据

上海证券期货监管年度报告.2020年/中国证券监督管理委员会上海监管局等编.—上海:上海财经大学出版社,2021.10
ISBN 978-7-5642-3859-9/F·3859

Ⅰ.①上… Ⅱ.①中… Ⅲ.①证券市场-市场监管-研究报告-上海-2020 ②期货市场-市场监管-研究报告-上海-2020 Ⅳ.①F832.5

中国版本图书馆CIP数据核字(2021)第172907号

□ 责任编辑　胡　芸
□ 封面设计　贺加贝

上海证券期货监管年度报告(2020年)

中国证券监督管理委员会上海监管局
上 海 上 市 公 司 协 会
上 海 市 证 券 同 业 公 会 编
上 海 市 基 金 同 业 公 会
上 海 市 期 货 同 业 公 会

上海财经大学出版社出版发行
(上海市中山北一路369号　邮编200083)
网　　址:http://www.sufep.com
电子邮箱:webmaster@sufep.com
全国新华书店经销
上海颛辉印刷厂有限公司印刷装订
2021年10月第1版　2021年10月第1次印刷

889mm×1194mm　1/16　12.75印张　269千字
定价:125.00元

编写说明

　　资本市场在整个经济金融运行中居于牵一发而动全身的枢纽地位，在促进经济高质量发展中发挥着关键作用。为了充分展示上海资本市场服务上海经济社会发展、服务上海国际金融中心建设的显著成效以及上海证券期货监管服务各项工作成果，加强证券期货金融知识和典型监管案例的普及，做好投资者服务教育，引导各类市场主体规范参与资本市场，不断优化和完善良好市场发展生态，更好服务构建新发展格局，上海证监局联合上海上市公司协会、上海市证券同业公会、上海市基金同业公会、上海市期货同业公会，从上海资本市场一线实际出发，全面系统地梳理了上海资本市场改革发展监管年度工作，编纂了《上海证券期货监管年度报告》，自2021年起公开出版。

　　《上海证券期货监管年度报告（2020年）》共分十二章。

　　第一章"上海证监局简介"。简要介绍了上海证监局在中国证监会党委领导下履行一线监管服务的各项职能和内部机构设置情况。

　　第二章"上海市场主体发展情况"。将市场主体划分为上海证券期货交易场所、上市公司及非上市公众公司、证券期货经营机构、证券期货服务机构、外资代表处及区域性股权市场挂牌公司等主要类型，分门别类地介绍了这些机构2020年的经营发展情况和主要特点等。

　　第三章"服务实体经济发展"。展示了资本市场发挥直接融资功能，服务上海地方经济发展，在支持科创中心建设、提高上市公司质量、参与长三角一体化发展、落实"六稳""六保"任务和支持绿色发展等重大战略及重点领域取得的成效。

　　第四章"加强一线监管"。重点介绍了上海证监局按照中国证监会的工作部署，强化日常监管，严厉打击违法违规行为，防范化解股票质押、债券违约、私募基金等重大金融风险，加强诚信及法治环境建设，营造良好市场生态等方面的工作情况。

　　第五章"投资者保护"。主要介绍了上海证监局多措并举开展投资者教育以及做好信访维稳工作等。

　　第六章"对外开放"。重点介绍上海资本市场吸引外资机构集聚、开展业务创新、助力上海国际金融中心与自贸区新片区建设等取得的成效。

　　第七章"上海资本市场助力脱贫攻坚"。收录了上海上市公司、证券期货经营机构等市场主体，响应国家"夺取脱贫攻坚战全面胜利"的号召，在产业、教育、消费、医疗等领域的扶贫成果和典型案例。

第八章"上海资本市场助力抗击新冠疫情"。展示了在2020年这个特殊的年份，上海上市公司、证券期货经营机构等市场主体贯彻落实党中央、国务院关于疫情防控工作的各项决策部署，在做好自身防疫工作的同时，展现责任担当，捐款捐物驰援一线，为打赢疫情防控阻击战做出的贡献。

第九章"上海证券期货行业文化建设"。介绍了上海证券期货行业贯彻新发展理念，践行"合规、诚信、专业、稳健"的行业文化理念，在完善公司治理、加强专业声誉建设、推动构建中国特色行业文化等方面所做的工作。

第十章"自律组织建设"。介绍了上海上市公司协会、上海市证券同业公会、上海市基金同业公会和上海市期货同业公会发挥自律、服务、传导的作用，开展自律监管服务各项工作和组织行业活动的情况。

此外，本书还在第十一章"相关地方政策法规选编"和第十二章"附录"中收录了与上海资本市场相关的政策法规、2020年上海资本市场大事记和上海地区监管对象名录等内容，方便读者查阅。

为了提高本书的实用性和可读性，书中还刊登了部分会议、活动的新闻图片，设置了知识性的专栏和典型案例，如日常监管特色工作专栏，具有典型意义的IPO、并购重组案例，稽查执法、行政处罚案例和监管工作通讯等，供广大投资者和市场机构学习参考。

本书不足之处，欢迎读者批评指正。

目　录

第一章　上海证监局简介　　001
1.1　局领导　　001
1.2　机构设置和职能　　002

第二章　上海市场主体发展情况　　001
2.1　上海证券期货交易场所　　004
2.2　上市公司及非上市公众公司　　006
2.3　证券公司、期货公司　　008
2.4　基金管理人　　009
2.5　证券期货服务机构　　011
2.6　外资代表处　　012
2.7　区域性股权市场挂牌公司　　012

第三章　服务实体经济发展　　015
3.1　直接融资及并购重组　　015
3.2　服务上海科创中心建设　　022
3.3　提高上海上市公司质量　　023
3.4　贯彻长三角区域一体化战略　　028
3.5　落实"六稳""六保"任务　　028
3.6　支持绿色发展　　029

第四章　加强一线监管　　030
4.1　日常监管　　030
4.2　稽查执法与行政处罚　　060
4.3　防范和化解重大金融风险　　068

4.4	诚信及法治环境建设	069
4.5	科技监管	075
4.6	信息公开	075
4.7	调查研究	075

第五章　投资者保护　　　076

5.1	投资者教育	076
5.2	信访维稳	076

第六章　对外开放　　　084

6.1	外资集聚与业务开放	084
6.2	上海国际金融中心与自贸区新片区建设	084

第七章　上海资本市场助力脱贫攻坚　　　087

7.1	上市公司	087
7.2	证券行业	088
7.3	基金行业	090
7.4	期货行业	091

第八章　上海资本市场助力抗击新冠疫情　　　093

8.1	上市公司	093
8.2	证券行业	094
8.3	基金行业	097
8.4	期货行业	099

第九章　上海证券期货行业文化建设　　　102

9.1	证券行业	102
9.2	基金行业	107
9.3	期货行业	110

第十章　自律组织建设　　112

　10.1　自律组织简介　　112

　10.2　自律组织工作回顾　　113

　10.3　自律组织活动合辑　　120

第十一章　相关地方政策法规选编　　129

　关于进一步加快推进上海国际金融中心建设和金融支持长三角一体化发展的意见　　129

　关于在长三角生态绿色一体化发展示范区深化落实金融支持政策推进先行先试的若干举措　　133

　关于印发《全面推进中国(上海)自由贸易试验区临港新片区金融开放与创新发展的若干措施》的通知　　135

　上海市人民政府印发《关于推动提高上海上市公司质量的若干措施》的通知　　141

第十二章　附录　　117

　12.1　大事记　　147

　12.2　上海地区监管对象名录　　153

第一章

上海证监局简介

1.1 局领导[①]

程合红　上海证监局党委书记、局长兼上海稽查局局长

吴　萌　上海证监局党委委员、副局长

王登勇　上海证监局党委委员、副局长

刘　宾　上海证监局党委委员、副局长

贺　玲　上海证监局党委委员、纪委书记

吕　昊　上海证监局党委委员、副局长

俞　峰　上海证监局一级巡视员

钱丽萍　上海证监局二级巡视员

---

① 局领导信息截至 2020 年 12 月 31 日。

1.2 机构设置和职能

截至 2020 年末，上海证监局内设 14 个处室：办公室（党务工作办公室）、纪检办公室、公司监管一处、公司监管二处、机构监管一处、机构监管二处、机构监管三处、稽查一处、稽查二处、投资者保护工作处、会计监管处、法制工作处、信息调研处、综合业务监管处。

办公室（党务工作办公室）： 负责全局综合行政事务工作；牵头负责行政许可、信息公开管理、办公自动化及新闻媒体等工作；负责与地方政府和有关部门的综合协调工作；负责党务工作、组织人事工作等。

纪检办公室： 负责全局的党风廉政建设、党员和干部监督管理、违纪案件调查工作等。

公司监管一处： 主要负责辖区上海证券交易所（简称"上交所"）上市公司的日常监管，负责对辖区在上交所上市的债券发行人、资产支持证券发行人的监管，负责辖区评级机构的监管；牵头负责辖区防控内幕交易工作以及与公司类监管对象有关的投资者保护工作；根据需要提出立案申请和实施案件调查；负责指导上海上市公司协会。

公司监管二处： 主要负责辖区深圳证券交易所（简称"深交所"）上市公司、新三板公司日常监管及拟上市公司辅导验收工作；负责对辖区在深交所上市的债券发行人、资产支持证券发行人的监管；根据需要提出立案申请和实施案件调查等。

机构监管一处： 负责辖区证券经营机构（除资产管理业务以外）以及证券经营机构所属证券投资咨询机构的日常监管；负责牵头证券经营机构有关的投资者保护工作和证券、期货、基金行业的信息安全工作；根据需要提出立案申请和实施案件调查；指导上海市证券同业公会等。

机构监管二处： 负责辖区期货经营机构、证券投资咨询机构和外资代表处的日常监管；负责牵头期货经营机构有关的投资者保护工作；根据需要提出立案申请和实施调查；指导上海市期货同业公会等。

机构监管三处： 负责辖区基金管理公司及其子公司、独立基金销售机构等法人主体的日常监管；负责辖区证券经营机构资产管理业务的日常监管；负责牵头前述机构及业务有关的投资者保护工作；根据需要提出立案申请和实施调查；指导上海市基金同业公会等。

稽查一处： 负责全局自立案件的统一立案和报备工作；负责自立案件和证监会交办案件的调查、复核工作；办理证监会系统内外相关单位案件协查工作；负责与辖区公检法等机关的协调工作等。

稽查二处： 负责自立案件及证监会交办案件的调查、复核工作；办理证监会系统内外相关单位案件协查工作；牵头承担辖区证券期货基金行业反洗钱相关协调工作等。

投资者保护工作处：负责牵头组织开展辖区投资者保护和教育工作，组织实施辖区投资者保护检查和调查评价工作；负责牵头处理辖区信访工作，督促市场主体做好投诉处理，推动辖区纠纷调解工作；负责辖区打击非法证券期货基金活动工作，协助司法机关做好非法证券期货基金活动的性质认定等。

会计监管处：负责对辖区会计师事务所、资产评估机构在辖区从事证券期货相关业务活动进行监管；负责股权众筹业务监管；负责清理整顿各类交易场所相关工作及区域性股权市场的协调监管工作；负责与上述机构和业务有关的投诉与举报处理；根据需要提出立案申请和实施案件调查等。

法制工作处：负责自办案件的审理、听证、行政处罚、送达、执行等工作；负责监管措施等的法律审核工作；负责辖区普法及诚信建设等相关工作；负责对辖区律师事务所从事证券法律业务进行监管和处理有关投诉、举报；负责涉及上海证监局的有关行政诉讼和行政复议工作等。

信息调研处：负责全局综合稿件的起草；牵头全局调查研究工作；负责辖区资本市场的信息收集、统计、分析与发布、报送等工作；负责牵头开展上海自贸区相关政策研究、制定和协调工作；负责与信息系统建设与维护有关的工作等。

综合业务监管处：负责辖区私募基金法人主体的日常监管；负责牵头私募基金有关的投资者保护工作；根据需要提出立案申请和实施调查；协助指导上海市基金同业公会等。

第二章

上海市场主体发展情况[①]

2.1 上海证券期货交易场所

2.1.1 上海证券交易所

市场规模。截至2020年末,上海证券交易所有上市公司1 800家,全年净增228家,其中主板1 585家、科创板215家。总市值45.5万亿元,流通市值38万亿元,流通市值占总市值的83.5%;科创板总市值3.35万亿元,约为2019年末的4倍。托管债券20 378只,托管市值13.24万亿元,同比分别增长32.6%、29.8%。其中,国债195只,地方债5 303只,金融债19只,企业债2 225只,公司债(含公开发行和非公开发行)8 346只,可转换公司债142只,可交换债56只,资产支持证券4 092只。

交易情况。尽管受到突发新冠疫情的影响,上海资本市场2020年春节后仍实现正常开市和常态化运行,年末上证综指收于3 473.07点,较年初增长13.87%。2020年,上海证券交易所股票成交额84万亿元,同比增长54%,其中沪市主板成交77.4万亿元,科创板成交6.6万亿元,同比分别增长46%和408%。债券成交11.45万亿元,同比增长78.67%;回购成交金额259.69万亿元,同比增长20.53%。

2.1.2 上海期货交易所

截至2020年末,上海期货交易所共有20个商品期货品种和5个商品期权品种,年内新增挂牌铝期权和锌期权。2020年,以单边计算,上海期货交易所商品期货累计成交21.17亿手,成交金额152.8万亿元,同比分别增长46.76%、35.82%;商品期权累计成交1 151.39万手,成交金额388.54亿元,同比分别增长127.53%、179.25%。

2.1.3 中国金融期货交易所

截至2020年末,中国金融期货交易所共有3个股指期货品种、3个国债期货品种以及1个

[①] 本报告数据除特别注明外,均截至2020年12月末。

数据来源：Wind。

图 2.1　全球主要股指走势

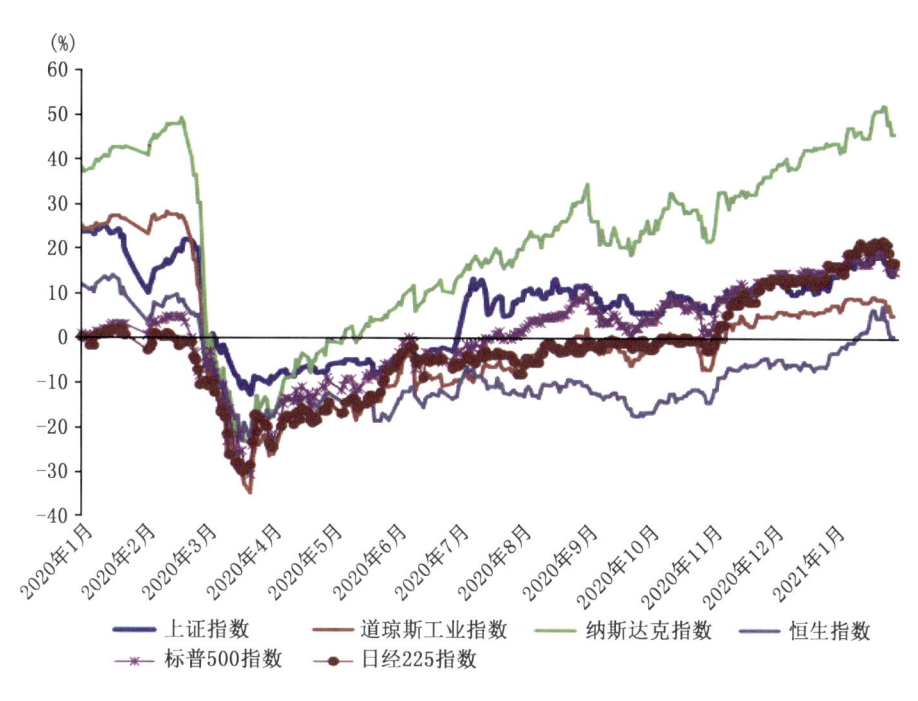

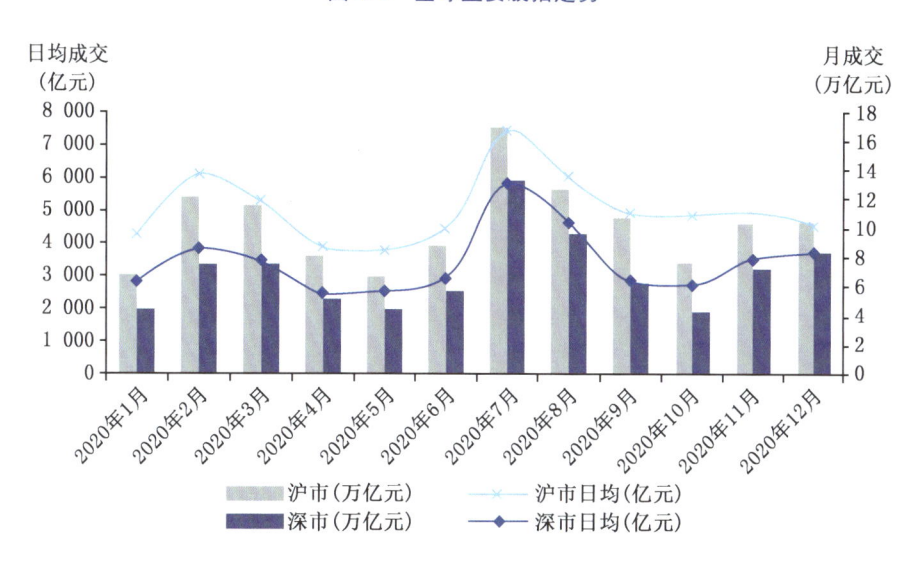

数据来源：Wind。

图 2.2　沪深交易所股票月度成交情况

股指期权品种。2020年，以单边计算，中国金融期货交易所股指期货成交7 450万手，成交金额88.93万亿元，同比分别增长39.91%、62.27%；国债期货成交2 404万手，成交金额26.37万亿元，同比分别增长84.43%、77.98%；股指期权成交1 674万手，成交金额0.14万亿元，均为上年同期的100倍以上。

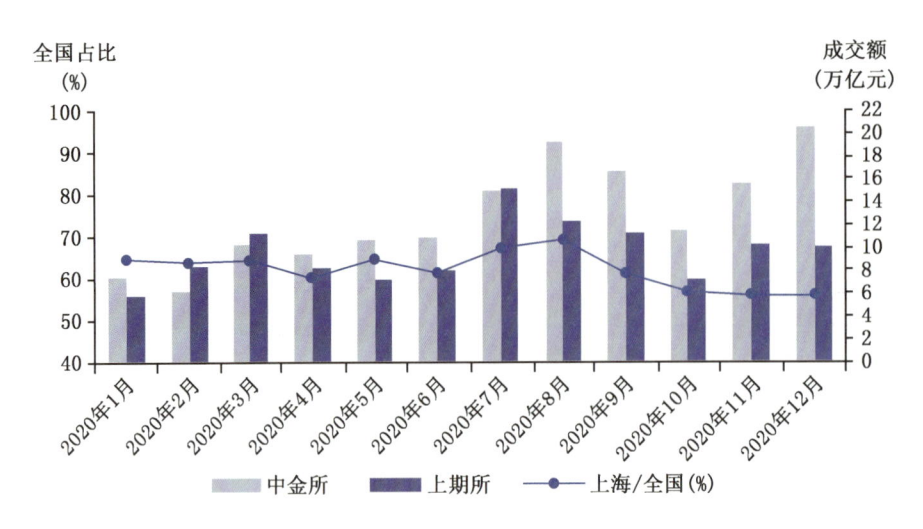

数据来源:Wind。

图 2.3　上海期货市场月度成交情况

2.2　上市公司及非上市公众公司

2.2.1　上市公司

(1)基本情况

上海上市公司共 343 家,占全国 4 154 家的 8.26%。其中,沪市主板 221 家,科创板 37 家,深市主板 2 家,中小板 31 家,创业板 52 家。2020 年,面对复杂的国际形势和新冠疫情的叠加冲击,上海上市公司积极应对,经营业绩逐步好转,并保持一定增长势头。

(2)主要特点

经营逐季复苏,总体略有下滑。截至 2020 年 12 月末,上海上市公司资产总额为 33.50 万亿元,净资产为 5.45 万亿元,约占全国上市公司总额的 11%。共实现营业收入 5.26 万亿元,同比下降 0.8%;共实现净利润[1] 3 677 亿元,扣除非经常性损益后的净利润为 3 335 亿元,同比分别减少 6% 和 2.9%。

金融企业[2]业绩稳中有升,比重进一步提高。上海金融业上市公司总体业绩保持稳定增长,2020 年度共实现营业总收入 1.06 万亿元,同比增长 9%;净利润 2 155 亿元,同比增长 3%,占辖区上市公司净利润总额的 59%,占比较上年提高近 5 个百分点。其中,银行业营业

---

[1]　本书净利润口径为归属于上市公司股东的净利润。
[2]　本书行业分类按证监会行业分类。

2020年半年报基本情况

(摘编自《上市公司监管通讯》2020年第7期)

2020年上半年,上海上市公司实现营业总收入2.26万亿元,盈亏相抵后净利润[1]1 691亿元。随着复工复产的快速推进,今年第二季度上海上市公司经营业绩环比明显改善。第二季度,上海上市公司合计营业收入、净利润分别为1.25万亿元、919亿元,环比分别增长24%、19%,与全国平均增速基本持平。

2020年上半年,金融类上市公司继续对上海上市公司净利润的贡献起到重要作用。上海金融业[2]上市公司(14家)共实现营业收入5 520亿元、净利润1 085亿元。金融业上市公司净利润占上海上市公司净利润总额的比重为64%。受注册制等政策利好及股市回暖影响,证券类上市公司业绩增幅较大,共实现营业总收入615亿元、净利润199亿元,同比分别增长11%和20%。

上海实体类[3]上市公司2020年上半年共实现营业收入1.71万亿元、净利润606亿元。其中,制造业(163家)实现营业收入8 922亿元、净利润308亿元。受细分行业汽车制造业业绩大幅度回升的影响,制造业二季度营业收入、净利润环比分别增长58%和485%。房地产业(21家)上半年实现营业收入2 549亿元、净利润150亿元,批发和零售业(21家)上半年实现营业收入1 740亿元、净利润45亿元。随着疫情的逐步遏制及促进消费政策的积极推动,批发和零售业第二季度业绩大幅度回升,营业收入、净利润环比分别增长24%和70%。

2020年上半年,市国有控股上市公司(70家)共实现营业收入1.44万亿元、净利润1 062亿元,分别占上海全部上市公司营业收入总额、净利润总额的64%和63%。第二季度,市国资控股上市公司业绩显著改善,营业收入、净利润环比分别提高26%和22%。

2020年上半年,上海市民营控股上市公司(157家)、中央国资控股上市公司(35家)和外资控股上市公司(20家)分别实现净利润103亿元、92亿元和27亿元。其中,民营控股上市公司、外资控股上市公司表现出较强韧性,第二季度净利润环比分别上涨29%和282%,业绩回升幅度较高。

---

[1] 本文中净利润均指归属于上市公司股东的净利润。
[2] 本文行业分类按照证监会行业分类。
[3] 本文实体类均指非金融业。

4.1.2 证券期货经营机构监管

督促辖区券商落实股权管理、风控标准等新规,就新三板改革准备情况、公司债和ABS业务、跨境数据流动等内容开展专项检查。加强期货公司保证金和净资本监管,对公司治理不健全的公司采取有效应对措施。平稳压降通道类、非标融资类私募资管业务规模,完成超过2 300只产品共计超过1万亿元规模的整改;完成超过20只证券公司大集合产品的规范整改,不合格大集合产品合计压缩规模在750亿元左右。联合人民银行上海分行对申港证券开展反洗钱检查,系会系统首例证券行业反洗钱联合检查。聚焦资管产品销售、新设基金公司运作、ABS业务等领域,开展专项检查。开展辖区机构网络安全专项检查,组织重要信息系统检查、网络安全执法检查专项行动。

专栏

贯彻落实新《证券法》 扎实做好备案管理工作

2020年3月1日,新《证券法》正式实施。3月4日,证监会发布了《关于取消或调整证券公司部分行政审批项目等事项的公告》(证监会公告〔2020〕18号),进一步明确了证券公司相关取消调整项目的后续管理与衔接工作安排。上海证监局深入学习、贯彻落实新《证券法》,积极做好证券公司相关行政审批改为备案管理的相关工作。

一、深入学习贯彻新《证券法》,领会新理念、新制度

新《证券法》公布以后,上海证监局立即组织进行全面学习,深刻理解修法精神,领会修订后《证券法》的新理念、新制度,统一思想,凝聚共识。要求全面做好新《证券法》的制度适应和监管适应,加快推进监管理念和职能的转变,优化监管执法方式。

二、明确工作流程和标准,提升工作质效

一是主动做好信息公开,强化监管服务。及时调整信息公开事项,修订证券公司行政许可办事指南、备案事项清单等公示材料。主动联络在办行政许可相关申请人,告知新《证券法》相关要求及证监会工作安排,做好相关衔接,确保从审批到备案的平稳过渡。根据现行法律法规要求,制定新版证券公司备案及报告事项清单,发送辖区证券公司。

二是制定内部配套规程,规范备案审阅工作。制定备案事项工作规程,根据"分类处理、逐级把关"原则,区分不同类型的审阅事项,合理设定审阅层级。

三是加强监管沟通与协作,审慎处理疑难问题。对新《证券法》实施时已获得批复但尚未完成的事项,按照"新老划断"的原则给予相关申请人工作指导。关注行政审批和备案审阅中出现的新情况、新问题,对于重大疑难事项,加强与公司的监管沟通,及时梳理汇总相关情况并向证监会请示。

三、加强政策宣导，强化事中事后监管

一是提供多种沟通咨询渠道，主动做好事前指导。上海证监局通过提供多种咨询渠道，及时了解辖区证券公司备案工作疑难问题，积极回应行业机构关切；通过发布监管通报，剖析典型案例，督促机构切实履行主体责任，加强内部控制与合规管理。

二是强化事中事后监管，避免监管真空和脱节。做细做实非现场监管，通过整合各类数据资源、重构工作流程、健全和优化各类非现场监控监测指标体系，构建非现场监管工作机制，努力通过非现场监管确定关键问题和风险点。

三是依法从严监管，加大问责惩处力度。针对备案管理事项，上海证监局已对多家公司及分支机构采取了行政监管措施或出具关注函。

证券经营机构日常备案工作情况

（摘编自《上海辖区证券机构监管信息通报》2020年第1期）

3月12日，上海证监局更新了《行政许可事项服务指南》，发布了《新〈证券法〉取消或调整的证券公司行政审批项目的备案工作指引》。

上海证监局对辖区证券经营机构日常备案情况进行了梳理，发现部分证券经营机构在备案事项上存在备案信息不真实、不完整，备案不及时及备案人员不符合条件等情况。上海证监局针对不同情况进行了处理，督促相关机构改进相关工作。

一、备案情况及相关要求

（一）备案情况

2019年下半年，上海证监局共收到证券公司分支机构负责人备案90单，相关分支机构均在规定的时间向上海证监局报备负责人任免情况，并及时换领许可证。其中12单存在分支机构变更负责人后未及时报备前任负责人离任审计报告的情况。

截至2020年6月底，新《证券法》实施后上海证监局已办理证券公司董监高备案32单，分支机构收购或撤销备案6单，公司章程变更备案11单，注册资本或股权变更备案1单。其中，2单备案事项存在备案信息不真实、不完整的情况。

（二）许可改备案事项的工作要求

一是证券公司任命董监高人员，设立、收购或撤销分支机构，变更公司章程，变更注册资本或股权相关事项不涉及变更主要股东、公司实际控制人的均为事后备案，上海证监局不出具备案回执或其他类似书面意见。

二是证券公司高级管理人员任职资格已取消审批，改为任职备案。但《证券公司监督管理条例》第二十三条规定，证券公司合规负责人应当经证监会认可。上海证监局通过谈话等

方式认可合规总监的专业能力,不再出具无异议函。经上海证监局认可后,各证券公司应及时向上海证监局报告合规负责人任职情况。

三是根据《证券公司次级债管理规定》第十三条规定,在证券公司借入次级债备案文件齐备的前提下,上海证监局自接收备案文件之日起5个工作日内,向备案申请人出具备案回执。相关证券公司在收到备案回执后,可以将已借入的次级债按规定的标准计入净资本。

四是已取得任职资格且连续任职的高级管理人员或已取得任职资格且在同一公司连续任职的董事、监事,任职备案时可将任职资格批复作为"符合任职条件的证明文件",上海证监局将根据日常监管情况,核实相关人员的履职情况。

二、日常监管相关案例

(一)备案信息不真实

辖区某证券公司新增1家持有5%以上股权的股东,该证券公司向上海证监局备案的材料显示新增股东以自有资金出资。经核查,新增股东的大部分资金由其实际控制人控制的另外一家企业以往来款的形式临时提供,并非自有资金。

《证券公司股权管理规定》第十八条规定,"证券公司变更注册资本或者股权,应当制定工作方案和股东筛选标准等。证券公司、股权转让方应当事先向意向参与方告知证券公司股东条件、须履行的程序以及证券公司的经营情况和潜在风险等信息。证券公司、股权转让方应当对意向参与方做好尽职调查,约定意向参与方不符合条件的后续处理措施。发现不符合条件的,不得与其签订协议。相关事项须经中国证监会批准的,应当约定批准后协议方可生效"。

《证券公司股权管理规定》第二十二条规定,"证券公司股东应当严格按照法律法规和中国证监会规定履行出资义务。证券公司股东应当使用自有资金入股证券公司,资金来源合法,不得以委托资金等非自有资金入股,法律法规另有规定的除外"。

(二)备案信息不完整

案例一:辖区某证券公司变更总经理后向上海证监局备案,提交的简历中未包含兼职情况。经核查,该总经理曾兼任数十家单位的总经理、法定代表人、董监事等职务,已辞任但尚有4家未完成工商变更。

案例二:上海证监局在日常监管中发现,部分证券公司提交的《2019年年度信息技术管理专项报告》,存在内容不完整、质量不高等情况,缺少相关规定要求的报告必备内容。

《证券公司董事、监事和高级管理人员任职资格监管办法》第三十七条规定,"证券公司高管人员和分支机构负责人最多可以在证券公司参股的2家公司兼任董事、监事,但不得在上述公司兼任董事、监事以外的职务,不得在其他营利性机构兼职或者从事其他经营性活动"。

《证券公司监督管理条例》第六十九条规定,"证券公司以及有关单位和个人披露、报送或者提供的资料、信息应当真实、准确、完整,不得有虚假记载、误导性陈述或者重大遗漏"。

《证券基金经营机构信息技术管理办法》第五十三条规定,"证券基金经营机构应当在报送年度报告的同时报送年度信息技术管理专项报告,说明报告期内信息技术治理、信息技术合规与风险管理、信息技术安全管理、信息技术审计等执行本办法规定的情况……提交的报告的内容应当真实、准确、完整"。

(三)备案不及时

案例一:2019年7月10日,某证券公司发文任命周某为辖区分支机构负责人,同时免去吴某的负责人职务,公司总部于2019年8月20日完成了对吴某的离任审计报告,但截至2020年5月,该分支机构未向上海证监局报送吴某的离任审计报告。

案例二:辖区个别上市证券公司以已在上市公司公告中公布了董事、监事的任免情况为由,自2015年以来未向上海证监局备案公司董事、监事的任免情况。

《证券公司董事、监事和高级管理人员任职资格监管办法》第三十四条规定,"证券公司任免董事、监事、高管人员和分支机构负责人的,应当自作出决定之日起5日内,将有关人员的变动情况以及高管人员的职责范围在公司公告,并向相关派出机构报告"。

《证券公司董事、监事和高级管理人员任职资格监管办法》第五十七条规定,"法定代表人、高管人员和分支机构负责人辞职,或被认定为不适当人选而被解除职务,或被撤销任职资格的,证券公司应当按照规定对其进行离任审计,并且自离任之日起2个月内将审计报告报相关派出机构备案"。

(四)备案人员不符合条件

2020年6月,某证券公司向上海证监局进行经理层人员任职备案,任命唐某担任公司副总裁。根据公司报备的唐某工作履历,其证券工作年限不足3年,且不具备金融、法律、会计工作经历。

根据《证券公司董事、监事和高级管理人员任职资格监管办法》第十三条规定,"取得总经理、副总经理、财务负责人、合规负责人、董事会秘书,以及证券公司管理委员会、执行委员会和类似机构的成员(以下简称经理层人员)任职资格,除应当具备本办法第八条规定的基本条件外,还应当具备以下条件:(一)从事证券工作3年以上,或者金融、法律、会计工作5年以上……"。

(五)其他关注事项

案例一:某证券公司进行人员备案时,以律师事务所出具的见证意见等材料作为学历、学位证明。律师事务所见证意见仅能证明学历、学位证书的原件与复印件一致,无法证明其原件的真实性。上海证监局认可以下形式的学历、学位证明:(1)公司加盖公章的学信网验证报告,要求注明查询人、查询的信息内容、时间等事项;(2)学校加盖公章、档案馆章或其他档案查询专用章的证明;(3)公司加盖公章的教育部留学服务中心出具的认证书。

案例二：某证券公司完成分支机构撤销备案后，先在工商部门进行注销登记，然后向上海证监局缴回"经营证券期货业务许可证"。参照分支机构设立流程，各证券公司在完成分支机构撤销备案后，应先向上海证监局缴回"经营证券期货业务许可证"，再至税务部门、工商部门办理相关手续。

案例三：某证券公司修改公司章程时，章程中含有"按照监管要求备案后生效"的条款，与新《证券法》取消行政审批的立法本意不符。

各证券经营机构要高度重视备案工作，理顺备案机制，完善备案流程。要仔细梳理备案相关法律法规，加强法律法规的学习、培训，并就备案中存在的疑难问题主动与上海证监局沟通，做好许可改备案的后续衔接，提高备案信息的完整性、准确性。

积极加强辖区货币市场基金风险监测

2020年6月以来，上海证监局在证监会机构部的指导下，针对年中市场资金较为紧张的情况，结合辖区实际，积极加强辖区货币市场基金风险监测，督促指导辖区公募基金管理人主动做好货币市场基金流动性风险和个体信用风险的防范工作。

一是制定方案，明确责任。根据证监会机构部统一部署，综合考虑辖区公募基金管理人特点，制定辖区货币市场基金风险监测方案。同时，指定两名固定联系人分析汇总，6月底前有重大情况及时向局领导及会机构部汇报。二是分级监测，重点突出。根据7项风险监控指标的数据差异，兼顾管理人个体差异，将证监会机构部筛选出的重点盯防名单划分为三星、两星、一星共三类风险等级，实施分类分级监测。三是动态调整，不留死角。根据货币市场基金监测日报，动态调整相关产品的风险等级，提高监测的灵活性。对于不在重点名单中的货币市场基金，如发生大额赎回等异常情况，将纳入监测范围，重点关注相关产品的流动性安排。四是规模管控，风险防范。对于风险准备金缺口较大的机构，督促限期补足。对于风险准备金不足的机构，督促自查并提出风险应对预案，同时要求公司加速计提风险准备金，限制机构扩张货币市场基金规模的冲动。

指导辖区期货经营机构积极抗击疫情

2020年，面对新冠疫情影响，上海证监局鼓励和引导辖区机构积极发挥专业特长，助力疫情防控和复工复产。

一、发挥场外业务优势，创设"口罩期权"助力防疫物资生产

在上海证监局指导下，辖区期货公司及其风险管理子公司跨前一步，发挥风险管理专业优势，积极对接市场需求，综合利用多种衍生品工具，为防疫物资的顺利生产保驾护航。建信期货风险管理子公司创设行业首单"口罩期权",为国内某口罩用无纺布及熔喷布原料主要生产商免费提供了亚式看涨场外期权,锁定了大约4.5亿只一次性外科口罩或1亿只N95口罩的原料成本,有效降低了企业因原材料价格波动所面临的经营风险,进一步提升了企业生产口罩的积极性,起到了良好的示范效应。此后,辖区海通、国泰君安及东吴期货风险管理子公司等机构均积极为客户提供口罩期权,保障了防疫物资的顺利生产。

二、通过个性化风险管理,帮助实体企业复工复产

疫情暴发后,大宗商品市场价格持续大幅度波动,部分实体企业面临复工复产所需原材料供应不足、成本管理难度加大的困难。在上海证监局指导下,辖区期货公司及其风险管理子公司主动作为,向客户提供个性化的风险管理服务,助力实体企业快速复工复产、稳健经营。申银万国期货风险管理子公司通过提供虚值看跌期权为客户锁定库存价值,累计为钢贸商总计40 000吨螺纹钢提供了价格保护,名义金额达1.3亿元,以优惠的组合报价和较低的成本帮助钢贸产业客户实现了套保目标。

推动辖区创投基金税收政策落地

为进一步促进创投基金持续健康发展,根据《关于做好创投基金享受财税55号文税收政策相关工作的通知》(私募部函〔2019〕233号)要求,上海证监局扎实有序地推进相关工作,全力推动符合条件创投基金切实享受税收优惠政策,有效推进税收政策落地。

一是制定工作流程,明确工作要求。依据《财政部税务总局关于创业投资企业和天使投资个人有关税收政策的通知》(财税〔2018〕55号)、《关于做好创投基金享受财税55号文税收政策相关工作的通知》等相关规定,结合上海证监局具体工作职责安排,制定了税收优惠工作规程,贯穿创建账号、接收材料、审查与协作、出具意见等全流程,明确标准和时间节点,提高审查效率,做到有的放矢、有据可依。

二是把握工作定位,坚守办理原则。在材料审阅过程中,严格贯彻落实不将此项工作异化为行政许可的要求。同时,对申请材料的规范性进行把关,对于材料不齐全的,及时在系统中退回并写明原因,第一时间与基金管理人主动沟通,详细解释需补正材料要求。对于基金不符合申请条件的,耐心解释相关申请条件及相关标准,加强申请人对异议事项的认知及税收政策的理解,严把工作质量关。

三是加强政策讲解,全面提升服务。加强答疑解惑,提升服务意识,对因疫情原因未能及时报送申请的项目予以适当延期接收。安排专人每日登录查看系统中税收优惠申请情况,2020年是管理人首次通过线上系统报送申请材料,针对系统使用过程中出现的如无法上传附件、权限划分异常,无法有效登录等异常情形,上海证监局第一时间给予指导,并及时向中证信息技术服务有限责任公司予以反馈,同时考虑备选方案,确保申请工作按期办理。

2020年,上海辖区共有24家创投基金向上海证监局提出税收政策申请,其中对21家出具无异议意见,对2家出具有异议意见,对1家退回补正,后其未再申请。

税收优惠政策对引导创投资金支持实体经济发展具有重要意义。上海证监局将继续严格落实税收政策的各项工作要求,积极推动符合条件的创投基金以方便快捷方式享受税收政策,坚持优服务、促发展,全力推动辖区创投基金行业高质量健康发展。

进一步加强客户保证金风险管理

(摘编自《上海辖区证券期货机构监管信息通报》2020年第1期)

2020年以来,因受新冠疫情及境外市场波动影响,国内部分期货品种合约发生连续单边下跌行情,辖区部分期货公司发生多起客户保证金连续两日及以上可用资金为负的风险事件。经核查,大部分公司预警发生原因为市场流动性不足导致公司强平或客户减仓委托未能成交,且客户未及时足额追加保证金,同时交易所根据行情变动依规则适时提高保证金比例。但核查中也发现,个别公司在客户保证金风险管理方面存在一些问题及不足。

一、存在的问题

(一)客户保证金风险管理制度的相关规定不明确

个别公司制定的客户保证金风险管理制度的相关内容不清晰、不全面,对各种风险情形列示较为笼统模糊,应对风险情况的措施不充分、不明确,制度缺乏可操作性。有的公司制度更新不及时,未能结合市场新情况及时调整完善。

(二)对投资者风险告知的及时性、准确性和留痕不足

一是追保或强平通知不及时。在投资者公司风险度或交易所风险度超过100%的情况下,未及时向投资者发送追保或强平通知,或通知方式单一、提示不充分。二是部分追保通知未留痕或留痕不规范。如公司业务人员通过私人手机、微信语音等方式要求投资者追加保证金的,未进行留痕或存在留痕效力问题。三是对投资者要求不明确。个别公司与投资者沟通工作形式化,对投资者要求含糊,未明示追保或强平的紧迫性及时限要求。四是个别公司强平前未依约定或制度规定向投资者发送强平通知。

(三)未及时采取有效风控措施

一是在投资者账户盘中交易所风险度持续超过100%的情况下,投资者未自行减仓或追加保证金,公司也未及时采取有效风险管控措施。二是投资者账户前一交易日交易所可用资金已为负,当日投资者未自行减仓或追加保证金,账户交易所风险度仍超过100%,公司未及时采取强平等有效措施。有的公司对交易所可用资金为负金额未超过10万元的情况重视不够且理解不准确,未及时采取措施导致投资者连续三个交易日交易所可用资金为负。三是与投资者约定追加保证金或自行减仓时间不明确,被动等待,在不利行情持续的情

况下加大了客户可用资金为负的金额乃至出现穿仓。四是在连续几日极端行情大趋势下,个别公司未按照制度规定在集合竞价阶段尽早采取强平措施,开盘后也迟迟不采取风控措施,造成后续的强平委托未能成交。

二、监管要求

(一)提升客户保证金风险防控意识

客户保证金风险管理直接关系投资者利益,各公司必须高度重视相关的风险防控工作,通过完善制度、优化流程、明确责任等方式加强管控。各公司要加强对客户风险度的测算与监控,确保及时发现风险并严格依规采取风控措施。

(二)持续完善客户保证金风险管理制度并严格执行

各公司应制定有效的客户保证金风险管理制度,明确职责分工、处置流程,规范保证金率的设定标准,细化风险度的测算方法,全面列示各种风险情况及应对措施,确保相关制度具有可操作性并得到严格有效的执行。

(三)加强投资者风险告知工作

各公司要加强预研预判,根据交易所的风控规则及国内外市场变化适时进行风险提示。应采取多种方式及时通知投资者追加保证金或自行减仓,提高与投资者的沟通技巧,对于应采取强平措施的,要对投资者明确强平时限,避免因要求不明确而使投资者迟迟未追保或减仓,最终导致投资者账户风险进一步扩大的情况。加强投资者提示或通知的留痕管理,确保相关留痕合法有效。

(四)及时采取强平等风控措施

各机构应根据制度规定及与投资者的合同约定及时采取强平等有效风控措施,避免因未及时强平而损害投资者利益或引发相关信访投诉或司法诉讼。各公司不得根据投资者以往信誉放宽风控标准,不得因关联关系降低关联投资者风控标准。对于投资者账户可用资金为负金额不超过10万元的情况,也应及时采取有效措施,避免风险进一步扩大。

各公司应高度重视上述问题,及时自查整改。上海证监局将进一步加大期货公司对投资者保证金风险管理的监管力度,视情况开展现场检查,对于保证金预警事件多发及相关风险管控不力的公司将严肃处理。

进一步推动辖区证券投资咨询机构提高公司治理与内控水平相关监管要求

(摘编自《上海辖区证券期货机构监管信息通报》2020年第2期)

一、员工营销宣传及提供服务实名制

辖区证券投资咨询机构员工如采用微信、QQ等网络聊天工具对投资者进行营销宣传

或对客户提供投资顾问服务的,原则上应当通过企业微信或企业QQ进行,同时员工微信及QQ等聊天工具名称格式应统一为"公司简称＋职务＋姓名＋执业资格证号(投顾填写)";如通过电话与投资者或客户沟通,应首先告知对方就职公司、姓名及从业登记编号等信息。员工在使用聊天工具时,不得以多个名称同投资者沟通交流。

二、提高 CISP 报送数据准确性

公司应及时更新 CISP 系统中包括基本信息、股东情况、组织机构情况等公司档案相关内容,同时按照要求于每月结束后 7 个工作日内在 CISP 系统中及时报送上月证券投资咨询机构月度监管报表。

三、提高员工从业能力和合规水平

各证券投资咨询机构应采取各种措施提高员工从业能力和合规水平,尽快推动员工按照规定在中国证券业协会进行执业登记或注册。

进一步加强财务管理及提升报表准确性

(摘编自《上海辖区证券期货机构监管信息通报》2020 年第 3 期)

上海证监局在梳理辖区期货公司 2019 年年报材料、对各公司 2019 年度财务报表审计调整事项进行全面分析的过程中,结合 2020 年现场检查情况,发现个别公司财务管理薄弱,账务处理不规范,影响财务报表准确性。货币资金、固定资产等资产管理存在潜在风险,甚至发生风险事件。

一、存在的问题

(一)货币资金管理不规范,日常经营大量使用现金,银行存款余额调节表编制形式化

在日常监管中,上海证监局关注到个别公司在日常经营中大量使用现金进行支付,每日留存现金余额较大,资金安全性和使用合规性存在一定风险隐患;个别公司编制银行存款余额调节表形式化,仅编制账面和银行存款差异总数,未对差异具体原因进行核实,也无相关人员复核签字;公司总部对分支机构财务管控薄弱,未对银行账户实行总部统一管理,分支机构日常费用支出事项未经总部事先审批。

(二)保证金账户管理不审慎,导致公司发生保证金账户预警事项

个别公司因对保证金账户管理不规范,发生保证金总额预警,具体情况包括开立或者变更保证金账户未及时向监控中心报备;因测算失误,资金划转操作不当,并缺少有效复核,致使现货资金总额预警;临近日末进行资金划转,发生在途资金,导致划转的资金在银行报送保证金存管数据时仍未到达收款账户的情况。

（三）金融资产投资管控不到位，期末计量不恰当

个别公司对金融资产投资管理不规范，未按照公司制度要求对金融资产投资进行后续跟踪管理，长期发生亏损未及时进行止损；购买关联方发行的金融资产，未按照关联交易事项在风险监管报表中披露；未逐月对金融资产投资账面价值按照公允价值进行调整，或未获取经管理人或托管机构盖章确认的对账单，仅依据未盖章估值表进行账务处理。

（四）往来款项处理不及时，未足额计提坏账准备

个别公司预付款项长期挂账，未及时索要发票并根据业务发生实际情况及时转入当期费用；预付与长期资产相关款项，在净资本计算表中未全额扣除；期末未根据往来款项明细余额进行负值重分类；对应收款项账龄划分不准确，导致坏账准备计提不准确；长期挂账应收款项，未合理判断款项性质、评估可收回性、判断是否存在或有损失，未足额计提坏账准备。

（五）长期资产管理不规范，存在资产费用化问题

个别公司对资产管理不规范，应按照固定资产进行管理的，却计入长期待摊费用；对待摊费用、无形资产等摊销金额不准确；报废资产长期挂账，未及时进行账务处理；个别公司对分支机构固定资产管理混乱，存在账外资产的情况；有的公司未准确区分资产和费用，应按照资产进行管理并按照使用期限进行摊销的款项，一次性计入费用。

（六）费用计提不充分，会计确认不准确

个别公司未严格按照权责发生制原则，在当期足额计提工资、奖金、佣金支出等成本费用；有的公司前期根据业务情况预提了相关费用，但未及时对预提金额与实际发生金额的差异进行调整，导致报表数据有偏差；未准确理解相关规定，风险准备金计提金额不准确；支付居间人报酬未列入成本费用，而是冲减手续费收入。

二、监管要求

各公司应高度重视上述通报问题，及时自查整改，加强对会计准则及相关规范的学习，持续提升自身财务管理水平，强化内控与复核，避免因专业水平不足或人为操作不当导致公司财务报表不准确或发生其他风险情况。上海证监局将进一步加大对期货公司报送月报和年报审核力度，并通过现场检查高度关注相关事项，对于财务管理水平薄弱的公司将严肃处理。

进一步推动辖区证券投资咨询机构提高公司治理与内控水平相关监管要求

（摘编自《上海辖区证券期货机构监管信息通报》2020年第4期）

为进一步巩固证券投资咨询机构违法违规行为专项整治行动成果，上海证监局开展了证券投资咨询机构违法违规行为专项整治"回头看"专项检查。各机构应针对发现的问题严格落实相关要求。

一、提升合规经营意识

各机构应当树立"合规就是生命线"的意识，严格执行各项监管规定和要求。特别是重大事项要按规定及时报告，不搞"先斩后奏"，相关报告做到准确、完整，不搞"当面一套、背后一套"。

二、加强系统建设

各机构要增加投入，通过采购、自研等多种方式加强业务留痕和合规审核系统的建设。一是以营销和客服环节为重点，实现各业务环节全面、实时留痕，留痕范围覆盖书面、语音等形式，留痕信息做到可读取、可追溯；二是切实改变以微信群、邮件等形式为主的合规人工审核模式，提升合规审核的电子化水平，将合规审核切实嵌入各业务系统中，提升合规审核的全面性、及时性和有效性。

三、强化人员管理

各机构要以全员合规为目标，建立有效行为规范和奖惩制度，加强行为管理，要督促员工严格执行公司制定的各项话术规范，防止员工"自说自话"，杜绝虚假和误导性宣传以及无投顾执业资格的人员提供投资咨询建议。

四、规范产品管理

各机构要按照"产品相同、服务相同、价格相同"的原则，提升投顾产品的标准化水平，营销时不得"看菜吃饭"，单纯根据目标客户的资产规模或价格承受水平等收取费用；不得"得寸进尺"，在客户购买相关产品后短期内以各种理由向客户推销高价产品。

五、合理开展广告营销

各机构要根据自身合规经营情况和投顾服务能力合理开展广告活动，广告投入规模应当同业务能力相适应，广告文案应当做到真实准确，不得通过宣传个别客户、个别投顾的"过往业绩"等方式进行误导性宣传。

六、规范使用简称

各机构应注意简称使用规范，在对外宣传时禁止使用"××证券"等具有误导投资者倾向的简称。

4.1.3 证券服务机构监管

完成14家审计与评估机构首次备案核验工作。针对异常"换所"、资金占用、IPO、执业质量等重点领域开展专项检查。43家律所完成首次从业备案和重大事项备案变更，完成从事科创板IPO项目专项检查，对3家律所下发监管关注函，对3家律所下发反馈函，对1家律所进行谈话提醒。向辖区机构发放调查问卷，排摸信息技术系统服务机构基本情况。加强资信评级机构监管，促进评级机构提高执业水平。坚持扶优限劣，树立规范标准，加强证券投资咨询机构监管。

专栏

积极贯彻落实新《证券法》 应对做好新形势下审计监管服务工作

新《证券法》取消审计评估机构证券业务许可,同时加大对审计评估机构违法行为处罚力度。上海证监局在学深悟透新《证券法》新制度、新规定的基础上,积极主动适应监管新要求,转变监管理念,改进监管方式,应对做好新形势下审计监管服务工作。

一、转变理念,提升监管适应性

新《证券法》颁布实施后,上海证监局第一时间组织学习,深入领会新理念、新精神,建立与新《证券法》相适应的思维观念,切实掌握新《证券法》对审计评估机构及其执业人员的新要求,着重思考新形势下监管所面临的新情况、新问题,以及可能存在的盲点、难点和风险点,积极研究落实应对措施,提高监管的适应性。一是强化对新从事证券业务信息监测。研究通过利用信息化手段、加强与公司监管协作等方式,建立新从事业务的信息监测和处理机制,做好与备案监管的衔接准备。二是切实改进和加强事中事后监管。事中监管更加注重信息系统和科技化手段的运用,更加注重现场与非现场、会计与公司监管的联动。事后监管坚持严字当头,对涉及合谋舞弊、未勤勉尽责等重点领域问题,强化监管力度,延伸质控问责。

二、加强协同,形成监管工作合力

新《证券法》进一步体现了信息披露为核心和简政放权的要求,对审计监管工作统筹和协同提出更高要求。上海证监局从内外两个方面着手,强化协作,形成监管合力,发挥好审计监管在以信息披露监管为核心的资本市场监管中的重要作用。一是对内强化前后道监管联动。向前强化与公司监管的联动,在年报审计监管、现场检查中加强与公司条线的全过程协作;向后强化与稽查执法的联动,落实好"一案双查"和"总对总"工作要求。二是对外强化跨部门监管合作。根据"双备案"新要求,主动与地方行业主管部门对接,探索建立信息共享与监管协作机制。依托市金融委办公室地方协调机制与上海市财政局建立信息交互机制;分管局领导带队加强与市财政局沟通,建立日常联系机制。

三、主动调研,提升监管服务水平

落实新《证券法》"放管服"要求,为应对做好新从事证券业务会计师事务所监管工作,上海证监局联合上海市财政局对辖区审计机构从事证券业务意向及相关情况开展调研,向注册在辖区的314家事务所下发调查问卷,全面摸底相关情况。一是摸清辖区事务所从事证券业务意向,共有90家事务所表达了明确意向。二是重点了解有意向事务所的执业能力、内部治理、民事赔偿能力等方面情况。三是主动征询事务所在合规培训、行业监管等方面的需求和意见建议。通过调研,主动强化监管服务和风险提示,为后续有针对性地开展事中事后监管做好准备、夯实基础。

审计执业问题

(摘编自《上海证监局会计监管通讯》2020年第1期)

2019年,上海证监局根据中国证监会会计部的统一部署以及日常监管中关注到的情况,对辖区1家会计师事务所分所内部治理和质量控制体系情况进行了全面检查,对9家事务所执业的20个审计项目进行了专项检查,对7家评估机构执业的8个评估项目进行了专项检查,对辖区上市公司签字注册会计师的轮换情况进行了抽查。根据检查情况,上海证监局对6个审计项目相关事务所和责任人员、4个轮换违规执业人员及所属事务所下发了行政监管措施。检查中关注到的典型问题如下:

1. 定期轮换不符合要求。部分签字注册会计师未严格遵守《关于证券期货审计业务签字注册会计师定期轮换的规定》(证监会计字〔2003〕13号)和《中国注册会计师职业道德守则第4号——审计和审阅业务对独立性的要求》的规定,存在IPO签字注册会计师在公司上市后连续提供审计服务超两年、签字注册会计师为上市公司提供审计服务满5年未轮换等问题,相关会计师事务所的内部控制亦未及时发现并阻止上述违规行为。

2. 关联方资金占用审计程序执行不到位。例如,在A上市公司审计过程中,未对公司与控股股东的资金往来及交易情况履行必要的审计程序并获取充分的审计证据,未发现大股东资金占用、相关资金往来未记账、票据实际被背书人与账面记录不符等情况,出具的资金占用专项说明未反映A公司存在资金占用事项。又如,对B上市公司出具的资金占用专项说明中,未如实反映关联方资金占用的发生额,且对资金占用余额的性质判断有误。

3. 对异常迹象未能保持合理的职业怀疑。例如,在C上市公司审计过程中,未能对个别异常情形保持应有关注并实施进一步审计程序。底稿中所附C公司供应商甲和客户乙的增值税发票显示,两家公司地址和联系电话相同,审计时未对上述异常情形保持应有的职业怀疑并执行进一步审计程序,未发现甲、乙之间存在间接控股关系。针对C公司向甲采购并向乙销售的业务毛利率畸高的情况,审计时仅执行了询问程序,未记录询问的过程和内容,未见执行进一步审计程序以了解相关业务实质。

4. 基础审计程序执行不到位。例如,在D上市公司审计过程中,存在应收账款函证程序和收入细节测试执行不到位的情况。D公司应收账款主要由向加盟商销售形成,在应收账款函证程序中,部分函证的函证对象与加盟合同方不一致,未获取充分的审计证据核实两者关系;未关注部分第三方加盟商回函方与D公司关联方一致、部分函证交易金额与D公司账面金额不一致的情况;对部分未回函函证执行替代程序时流于形式。在加盟商收入细节测试中,未按计划抽取部分大额样本和足够的样本量;部分测试结果记录情况与实际情况不符,如底稿记录的应收账款期后回款金额与实际差异较大,底稿记录出库单与物流运输单核对一致,但存在实际出库单无对应物流运输单、出库单上记录的出库数量无法与物流运输单对应等情况。

5. 新收入准则下对履约进度执行的审计程序不充分。E上市公司自2018年起执行新收入准则,其项目前期委托管理服务按照各项目的履约进度确认收入,将项目工时作为履约进度确定依据,重新评估项目2018年初履约进度后调减2018年期初未分配利润。在审计过程中,未复核各项目2018年年初工时记录的准确性、合理性,未关注个别项目年初工时表记录与项目实际进度不一致的情形并执行进一步审计程序;未严格执行关键审计事项中"测试与收入流程相关的关键控制"这一审计应对措施,未见测试项目工时表这一重要收入确认依据的填列、归集等关键内控流程的有效性。

针对新冠疫情下审计工作面临的新形势以及新《证券法》生效的大背景,辖区各从事证券服务业务的会计师事务所应重点关注以下事项:

1. 积极应对疫情对年报审计工作的影响。新冠疫情对年报审计的工作开展方式和执业进度产生较大影响,各从事证券服务业务的会计师事务所在执行审计工作和进行质量控制复核时,应注重所获取的审计证据的真实性、充分性,避免因为条件受限或"赶工"使得相关审计程序流于形式,从而影响执业质量。存在主要资产在疫情严重地区、因出境限制不能如期开展审计工作以及其他重要审计程序无法有效实施等情况的,须客观评价审计范围受限的影响,充分评估已获取审计证据的充分性、适当性,发表恰当的审计意见。

2. 贯彻落实《证券法》修订后的监管新要求。新《证券法》生效后,证券公开发行注册制稳步推进,将更加倚重中介机构出具的核查把关意见。作为重要的信息中介和经济监督者,会计师事务所应当充分评估自身从业经验、专业胜任能力和风险承受能力,审慎承接证券服务业务,并勤勉尽责执业,做好会计信息的看门人,给投资者一个真实透明的公司。首席合伙人、质量控制主管合伙人、对审计项目负有责任的其他事务所领导人员和相关从业人员,应当认真学习证券市场法律法规,树立风险合规意识,切实保证、提升证券服务业务的执业质量。新《证券法》取消证券审计资格修改为备案管理,各证券业务会计师事务所,尤其是新从事证券服务业务的事务所,应当严格遵守法律法规要求,做好备案工作。

4.1.4 区域股权市场监管

推动上海股权托管交易中心在合规经营的基础上,开展科创企业投贷联动试点,区块链建设试点实现全业务数据上链,成功与证监会监管区块链实现连通对接。联合上海市金融局,回访检查上海股权托管交易中心问题整改落实情况,督促其合规开展可转债业务。

专栏

上海股权托管交易中心区块链建设试点取得积极进展

为深入贯彻习近平总书记关于区块链技术发展重要讲话精神,积极探索区块链等创新金融科技应用,证监会将建设基于区块链的区域性股权市场基础设施列为2020年重点工作任务。2020年7月,证监会发函原则同意北京、上海、江苏、浙江、深圳5家区域性股权市场开展区块链建设试点工作。

在证监会统一部署下,上海证监局联合上海市金融局指导上海股权托管交易中心(简称"上股交")积极推进落实试点工作。一是积极研提意见,反馈业务需求,完善建设试点工作分工方案;二是成立工作专班,配备专业力量,推动试点工作快速落地实施;三是强化技术合作,依托同济区块链研究院梧桐链平台,创新智能合约和UTXO技术运用。上股交区块链建设项目取得重大阶段性进展,顺利实现涵盖挂牌、展示、托管、交易、信息披露等各环节的全业务数据上链,并成功与证监会中央监管链实现连通对接。

区块链技术具有防篡改、可溯源、透明化、共享性的优势,在区域性股权市场中引入区块链技术,有助于提高信息可信度,增强市场规范性,对进一步夯实区域性股权市场基础设施建设、以金融科技驱动金融服务能级提升、发挥区域性股权市场服务中小微企业的市场功能具有积极的意义。

下一步,上海证监局将继续跟踪指导,支持上股交加大金融科技运用力度,不断提升服务能力和业务发展水平,实现金融与科技联动发展,为推进上海金融科技中心建设做出应有贡献。

行政监管措施典型案例选辑

对爱某证券公司资产管理业务违规问题采取行政监管措施

爱某证券公司在从事资产管理业务过程中,一是未按照审慎经营原则,建立健全风险管理和内部控制制度,防范和控制风险;二是内部控制不完善,部分投资决策和管理缺乏审慎性,基金销售过程中存在误导性宣传和违反投资者适当性规定等情况;三是经营管理混乱,内部职能分工执行不到位、人员管理失当。

2020年11月,上海证监局做出行政监督管理措施决定,认定爱某证券公司违反了《证券公司监督管理条例》第二十七条第一款的规定,根据《证券公司监督管理条例》第七十条第

一款的规定,责令该证券公司进行为期6个月的整改,整改期间暂停公司资产管理业务。本案具有以下典型意义:

一、强化监管,规范发展

上海证监局对爱某证券公司的违规行为严肃问责,给予责令改正并暂停资产管理业务的行政监督管理措施,彰显了监管部门对该类违规行为严肃处理的立场,有利于督促和警示证券公司不断增强依法合规、审慎勤勉的意识,切实加强合规内控管理,不断强化全员守法合规意识,促进行业长远规范发展。

二、重视合规,归位尽责

在证券公司业务快速发展、资产管理领域竞争加剧的背景下,个别市场主体经营开展业务过程中重市场份额、轻合规管理,风险把控和内部管理滞后,这极易引发相关风险。如产品未能及时进行收益分配,到期无法按时兑付。作为连接投资者和融资者的桥梁,证券公司若未能主动履行对客户的诚信义务、归位尽责、切实做到"卖者有责",容易损害投资者利益,挫伤对行业机构的信心。

三、理性投资,自我保护

投资者作为市场流动性的提供者、市场预期的影响者、风险的承担者,与资本市场的持续健康发展紧密相关。广大投资者要强化"买者自负"意识,加强对资本市场相关知识的学习,自觉配合客户分类和适当性评估,在充分了解自身财务状况、投资能力、风险承受能力的条件下,合理选择适合自己的产品,不盲目跟风。要学法、知法、守法,远离非法违规金融活动,依法依规行权维权。

对上市公司某华股份资金占用信息披露违规采取行政监管措施

2018年3月,上市公司某华股份购买了4.8亿元信托产品,占某华股份2017年度经审计净资产值的81%。该信托产品认购的非公开债务融资凭证发行方甲公司为某华股份的控股股东某鑫公司控制的公司,资金最终提供给某鑫公司及其关联方使用。上述行为构成某鑫公司及其关联方非经营性占用某华股份资金。某华股份未及时在临时报告及相关定期报告中披露上述控股股东及其关联方非经营性资金占用及关联交易。

上海证监局认定:(1)某华股份的行为不符合《关于规范上市公司与关联方资金往来及上市公司对外担保若干问题的通知》(简称"《通知》")、《上市公司治理准则》相关规定,违反《上市公司信息披露管理办法》(简称"《信披办法》")第二条第一款、第十九条第一款、第三十条的规定。(2)某鑫公司非经营性占用某华股份资金,且未及时告知某华股份其与甲公司的关联关系,违反《通知》第一条和《信披办法》第四十八条的规定。(3)某华股份时任董事长兼总经理、财务总监、董事和董事会秘书在履职过程中未勤勉尽责,对某华股份信息披露违规行为负有责任,违反《信披办法》第三条、第四十条的规定。据此,2019年5月,上海证监局依据《信披办法》相关规定对某华股份采取责令改正行政监管措施,对某鑫公司及某华股份责任人员采取出具警示函行政监管措施。

上海证监局积极运用行政监管措施等手段督促某华股份和某鑫公司限期整改,最终某鑫公司将全部资金归还某华股份。本案具有以下典型意义:

1. 坚持分类监管,对占用上市公司资金行为加强监管。控股股东、实际控制人把上市公司当成"提款机",侵占了上市公司利益,也损害了中小股东权益。上海证监局一方面,严肃依法及时处理对上市公司资金占用信息披露违规行为负有责任的公司和个人,落实各方责任;另一方面,要求限期整改,积极督促相关主体解决资金占用问题,是符合《国务院关于进一步提高上市公司质量的意见》相关要求的坚决行动。

2. 紧盯"关键少数",督促上市公司董监高忠实勤勉履职。上市公司信息披露的真实、准确、完整,有赖于董事、监事和高级管理人员勤勉尽责,忠实履职。这既包括通过日常履职保证上市公司遵守信息披露要求,也包括及时发现公司信息披露的问题、督促公司改正。

3. 规范公司治理,维护上市公司独立性。上市公司作为独立的法人机构,应当在人员、资产、财务、机构、业务等方面独立于控股股东、实际控制人。控股股东、实际控制人应当履行诚信义务,维护上市公司独立性,切实保障上市公司和投资者的合法权益。要强化公众公司意识,健全公司治理长效机制,切实落实上市公司治理专项行动要求。

4.2 稽查执法与行政处罚

对违法违规行为保持高压态势。落实国务院、金融委部署要求,传导监管问责导向信号,优化案件结构,集中优势资源查办公司机构类重点案件。全年承办案件67起,其中A类7起。落实"总对总"机制要求,开展行政执法全链条监察监督问题整改,梳理稽查执法全流程,逐项排查风险点,针对性提出解决举措,办案质效有效提升,总体查实率达84%,较上年提升了19个百分点。办结行政处罚案件13起,对33名责任人员作出处罚决定,罚没款总额1 164.46万元。强化执行力度,推动张某内幕交易案行政处罚执行落地,全额收缴罚没款1.03亿元,创派出机构执行到位金额之最。向公安机关移交涉嫌犯罪案件6起。

集中查办各类大案要案。上海证监局移送的中毅达案系上海首例提起公诉并判刑的违规披露重要信息罪案件。上海普天案系上海首例获宣判的央企上市公司违规披露重要信息罪案件。樊某内幕交易"金力泰"案系全国首例对涉证券领域犯罪的从业人员适用"从业禁止"的案件。史某指使上市公司违法信息披露案是按照"精准监管,科学问责"原则,全国首例探索区分责任主体差异化处理的案件。全面查处易见股份内幕交易窝案,该案涉及13名当事人,涉及多种复杂的内幕信息传递路径、违法动机与违法行为。史某指使上市公司违法信息披露案与易见股份内幕交易窝案均入选"2020年证监稽查20起典型违法案例"。

加大非法证券期货活动打击力度。保持严打非法证券期货活动的高压态势，通过完善优化打非线索核查工作指引，标准化地规范了打非线索的核查流程，切实保障了打非线索的办理质量和效率；坚持发挥科技赋能的关键作用，组织力量自建"智慧打非"信息系统，实现了打非数据集成、大数据分析和可视化展示等功能；紧密配合地方职能部门开展联合执法，按照上海市金融稳定协调联席会议机制，积极联系支持市区两级打非成员单位，对非法证券期货活动打出"组合拳"；健全完善与司法机关的行刑衔接机制，积极推动司法机关加大对非法证券期货活动的刑事打击力度，持续深化同上海市各级司法机关的日常交流，不断提高性质认定、资质查询等司法协助事项的办理效率。

加强典型法治案例宣传与警示教育。在官网宣传、媒体报道的基础上，创新法治宣传形式，利用新闻发布会、电视媒体、金融论坛等平台形式，以案说法，提升宣传效果。召开监管执法案件发布会，通报涵盖内幕交易、上市公司违规披露、证券公司内控混乱、证券投资咨询机构违规承诺投资收益4类典型违法违规案例，明确守法合规的底线要求；与上海市人民检察院联合召开打击上市公司信息披露违法犯罪新闻发布会，发布6起典型案件，实现法律效果与社会效果的有机统一。办理的"艾某等13人涉嫌内幕交易案"入选央视财经频道"2020年股市大案追踪系列报道"，调查组接受央视专题采访，取得了良好的宣传效果。在首届上海金融论坛发布《上海证券期货行政违法案件情况通报》，有效传递执法理念。上海证监局办理的"廖某强操纵证券市场案"入选最高检、证监会联合发布的证券违法犯罪典型案例。

2020年11月13日，上海证监局与上海市人民检察院联合召开打击上市公司信息披露违法犯罪新闻发布会

稽查执法与行政处罚案例选辑

赵某申利用未公开信息交易被刑事追责案

赵某申利用未公开信息交易被刑事追责案,系一起公募基金从业人员实施"老鼠仓"交易的典型案件。经查,2013年3月11日至2017年8月25日,赵某申在财通基金、上投摩根基金担任4只基金产品的基金经理(助理)期间,控制使用吴某、赵某某以及年某某账户,利用其掌握的非公开信息买卖证券牟利。经沪深交易所计算,涉案期间赵某申趋同交易股票218只,趋同成交金额约30.5亿元,趋同获利金额1 900多万元,成为我国资本市场至今趋同交易金额最大的"老鼠仓"案件,也是首例利用第三方支付、P2P公司进行资金划转的案件。2020年10月,赵某申被法院判处有期徒刑4年,没收违法所得并处罚金2 280万元。本案表明,资产管理行业从业人员要严守职业准则,为投资者最大利益忠实履行管理职责,远离利益输送等违法红线。

上海证监局深入开展经验总结,力求达到"办成一件,总结一件,指导一批"的效果。与第三方支付(京东金融)建立查询联系,摸清一类P2P公司账户资金划转模式。在做好案件调查的同时,调查组深入挖掘本案的附加值,将调查中发现的相关情况和问题撰写出两篇《稽查要情》向稽查局报送,被采用后报国务院。调查组行动果断、敢打敢拼、勇于创新,迅速查清事实并移送公安机关,案件调查结果也得到了审计署的关注和高度认可。

艾某等13人涉嫌内幕交易易见股份案

上海证监局承办的艾某等13人涉嫌内幕交易易见股份案,系证监会近年来查处的一起极具代表性的重大内幕交易案件,传递路径包括一次多向传递和二次传递,涵盖泄露及非法获取并泄露内幕信息、知情人直接从事内幕交易、知情人和非法获取内幕信息人的关联人从事内幕交易等多种违法行为,案件涉及人员众多且复杂交织,堪称一起"百科全书"式窝案。

该案内幕信息多层传递,各色人员以身试法。所展现的各色违法违规行为极具代表性,一是涉案人员多为普通"股民",大多无专业的投资经验,容易轻信"听消息"炒股;二是内幕信息的泄露者、传递者以及内幕交易的执行者法律意识淡薄,有的涉嫌违法而不自知,有的明知违法而抱有侥幸心态。

在线索发现核实、调查数据分析等方面,调查组利用大数据技术,成功发现四组涉案团伙,涉及20余名当事人。面对证监会的调查,其中佯装糊涂者有之、避而不见者有之、痛哭流涕者有之,但在法律威严与完善的证据面前,涉嫌违法行为被层层揭露,多数当事人均能够供述自己的内幕交易行为。

在对资本市场违法犯罪行为"零容忍"的监管要求下,借助大数据等科技执法手段,任何违法违规行为都将难以遁形。该案的成功查处,是证监会全面落实"零容忍"要求、切实维护市场秩序、净化市场生态的生动缩影。

W公司财务造假信息披露违法案

W公司财务造假信息披露违法案,系上市公司子公司刻意隐瞒母公司多年从事财务造假活动,导致上市公司持续信息披露违法的案件,子公司、上市公司母公司合计19名相关人员对涉案信息披露违法行为承担责任,具有一定的典型性。

2008年至2011年期间,W公司全资子公司R公司采用多种方法少结转成本、虚增年末库存,导致W公司2008年至2011年年度报告中资产和利润总额虚增,金额分别为3 276万元、14 842万元、5 531万元、3 031万元。W公司未按《企业会计准则》相关规定在2012年年度报告中对2008年至2011年年度报告中披露的相关财务数据进行更正,而是将2008年至2011年隐瞒的所有亏损作为2012年当年亏损反映在年度报告中,导致W公司2012年年度报告存在虚假记载。同时,W公司在发现R公司发生重大亏损时,也未按照《上市公司信息披露管理办法》的相关规定及时履行信息披露义务。R公司时任董事长兼总经理孟某,W公司时任董事长贺某、总经理吴某某、财务总监兼董事会秘书李某都是公司信息披露违法直接负责的主管人员。W公司时任财务经理马某,R公司时任董事、监事、高级管理人员杨某某、陈某某等14人为其他直接责任人员。

2015年6月,上海证监局作出行政处罚决定,认为W公司上述行为违反2005年《证券法》第六十三条、第六十七条的规定,构成了2005年《证券法》第一百九十三条第一款规定的违法行为。对W公司责令改正,给予警告,并处以40万元罚款。对孟某、吴某某等15人分别处以3万元至30万元罚款。本案具有以下典型意义:

1. 财务造假是证券市场的"毒瘤",严重破坏市场诚信基础,必须予以严惩。本案中,R公司利用行业特点,真实业务与虚假业务掺杂,手段隐蔽、不易察觉,在长达四年的时间里持续进行财务造假行为。W公司在发现R公司行为后,刻意隐瞒掩盖违法事实,情节严重、性质恶劣。财务信息是反映和判断上市公司财务状况、经营成果的重要资料。财务造假行为,不仅使投资者失去了及时进行或调整投资决策的依据,也同时反映了公司存在治理有效性不足、管理层履职缺位、守法合规意识缺乏等严重问题。财务造假严重损害投资者利益,破坏市场信心,挑战信息披露制度的严肃性。国务院金融委多次召开会议,提出要坚决打击资本市场造假行为的工作要求。上海证监局对财务造假的信息披露行为一贯采取坚决依法严惩的态度,并将在今后的执法实践中全面贯彻落实金融委要求,严格执法,清除资本市场"毒瘤"。

2. 上市公司应加强对子公司的有效监督管理,依法对子公司的违法行为承担责任。本案中,W公司在听证过程中提出上市公司多年年报财务数据不真实是由于子公司违法违规导致的,W公司对R公司的情况并不知情。上海证监局认为,R公司是W公司的全资子公司,W公司应当对其财务状况进行必要的管理和监督。W公司年度报告是反映W公司及其全部子公司整体财务状况的公开信息披露文件,W公司作为信息披露义务人,应当对其披露信息的真实性、准确性、完整性和及时性负责。

3. 上市公司信息披露违法责任人员的范围不限于上市公司内部人员。虽然《证券法》只规定了董事、监事、高级管理人员对上市公司信息披露质量的保证义务,但董事、监事、高级管理人员之外的其他人员,只要有证据证明其行为与信息披露违法行为具有直接因果关系,即可成为上市公司信息披露的责任人员,并不限于上市公司内部的人员。本案除了对上市公司董事、监事、高级管理人员进行了不同程度的处罚外,还对具体实施财务造假的子公司R公司财务经理马某某进行了处罚。

Z上市公司未及时披露实际控制人变更及关联交易违法违规案

2016年4月至8月,Z上市公司实际控制人何某某、股东A公司与相关股权受让方签署《股权转让协议书》,约定分别将其持有的Z上市公司控股股东D公司50.5%和27.6%的股份转让给股权受让方。何某某、A公司陆续向股权受让方移交了D公司的营业执照、公章等相关资料,同时何某某与受让方确定的相关主体签订《不可撤销授权委托书》,将其持有的D公司股权对应的股东权利以不可撤销方式分别委托给受让方确定的相关主体。自此,何某某失去对Z公司的控制权。何某某未及时披露其在Z公司所拥有权益的变动情况,未及时将实际控制人变更情况告知上市公司并配合履行信息披露义务。2017年6月至7月,Z上市公司经督促才发布相关公告,披露股权转让相关协议及签署情况。

2017年7月至9月,Z上市公司控股子公司X公司与关联方S公司签订无真实业务往来的相关购销合同,并基于该合同累计向S公司支付8 938万元,累计收到S公司返还的6 799.9万元。该事项属于应当及时披露的关联交易事项,但Z上市公司未及时披露,且在2017年11月发布的公告中称S公司不是关联方。

2020年2月,上海证监局下发《行政处罚决定书》,认定上市公司未及时披露上市公司实际控制人变更事项,违反了2005年《证券法》第六十七条第一款、第二款第八项规定,构成了《证券法》第一百九十三条第一款所述的违法行为;未按规定披露关联交易、虚假记载关联方事项,违反了《证券法》第六十七条第一款、第二款第十二项和《上市公司信息披露管理办法》第四十八条规定,构成了《证券法》第一百九十三条第一款所述的违法行为。何某某未及时履行权益变动的报告义务,违反了《上市公司收购管理办法》第三条第二款、第五十六条第一款、第十四条第一款及第二款的规定,构成了《证券法》第一百九十三条第二款所述的违法行为。

依据《证券法》第一百九十三条第一款的规定,上海证监局决定对 Z 上市公司及 5 名责任人员作出行政处罚。依据《证券法》第一百九十三条第二款的规定,决定对何某某责令改正,给予警告,并处以 60 万元罚款。本案具有以下典型意义:

1. 强化实际控制人信息披露义务,责成承担相应违法责任。Z 上市公司实际控制人何某某通过转让自己持有的上市公司控股股东的股权及转让自己所拥有的上市公司表决权权益的方式实现上市公司控制权变更。虽然实际控制人何某某并未在上市公司任职,但本案根据《上市公司收购管理办法》等相关规定,准确认定何某某是上市公司权益变动信息披露的义务主体,对其未及时公告、报告自己的权益变动情况,亦未将权益变动情况通知公司的违法行为,给予 60 万元顶格处罚。该处罚决定不仅符合新《证券法》关于扩大信息披露义务人范围的精神,更凸显了实际控制人严格履行信息披露义务的重要性,彰显了对掌握上市公司控制权的"关键少数"的违法行为予以严惩的执法态度。

2. 惩治违规关联交易顽疾,保护上市公司及中小投资者权益。本案中,Z 公司对外掩盖关联关系,以购销合同之名行利益输送之实。其所涉违规关联交易是信息披露违法的常见类型,或是相关方借此侵占上市公司资源,或是上市公司营造虚假交易粉饰业绩。加强对上市公司关于关联方及关联交易信息披露的监管,方能向市场揭示交易实质,披露公司业务实情,使中小投资者了解真实的上市公司。新《证券法》亦增加规定"提供担保或者从事关联交易"为应进行临时公告的重大事件,监管执法将以此为依据进一步针对性加强信息披露监管。

3. "一司多案"暴露个别上市公司治理与内控乱相,要依法落实上市公司主体责任,督促提升上市公司质量。除了本案之外,Z 上市公司近年还因虚增营业收入、未按期披露定期报告被证监会系统多次行政处罚,相关责任人员甚至被刑事处罚。类似个别"累犯"上市公司严重扰乱了市场秩序,成为上市公司优质群体的害群之马。这充分体现了证监会部署开展上市公司治理专项行动的必要性与紧迫性。各上市公司应引以为戒,不断增强自我规范、自我提高、自我完善意识,建立上市公司规范治理的长效机制,着力提升内部控制有效性。

JL 公司未如实披露控股股东持股情况信息披露违法违规案

JL 集团为 JL 公司(系上市公司)控股股东。2015 年 3 月 26 日至 2016 年 10 月 31 日期间,JL 集团除通过自有的证券账户持有 JL 公司股份外,还通过借用的"孙某某""费某某"证券账户持有 JL 公司股份,JL 集团向 JL 公司隐瞒了前述持股情况。JL 公司在相关定期报告中未如实披露 JL 集团上述持股情况,相关定期报告中有关股东持股情况部分存在虚假记载。费某一作为JL公司时任董事长,是JL公司信息披露违法行为直接负责的主管人员。此外,费某一还作为JL集团时任副董事长、总经理,是JL集团"隐瞒"行为直接负责的主管人员。费某二作为JL集团时任董事长,是JL集团"隐瞒"行为直接负责的主管人员。

2018年8月,上海证监局下发《行政处罚决定书》,对本案相关责任主体作出处罚:

1. 认定JL公司的上述虚假记载行为违反了2005年《证券法》第六十三条的规定。依据《证券法》第一百九十三条第一款的规定,上海证监局决定:对JL公司责令改正、给予警告,并处以30万元罚款。

2. 认定JL集团的上述"隐瞒"行为构成《证券法》第一百九十三条第三款所述情形。依据《证券法》第一百九十三条第三款的规定,上海证监局决定:对JL集团责令改正、给予警告,并处以30万元罚款。

3. 依据《证券法》第一百九十三条第一款、第三款的规定,上海证监局决定:对费某一给予警告,并处以20万元罚款。

4. 依据《证券法》第一百九十三条第三款的规定,上海证监局决定:对费某二给予警告,并处以20万元罚款。

本案具有以下典型意义:

1. 严惩控股股东隐瞒行为,并追究控股股东的负责人相应违法责任。本案中,JL集团作为JL公司控股股东,未将其持股真实情况告知JL公司,且在JL公司发函征询时隐瞒了对"孙某某""费某某"账户的控制情况,导致JL公司出现信息披露违法情形。上海证监局依法对JL集团的隐瞒行为予以惩处,费某一、费某二作为控股股东JL集团的总经理、董事长,被认定为直接负责的责任人员(其中对费某一两种身份下的两种行为均予以认定和处罚),实现了对控股股东背后主导者的深入打击,能够切实督促上市公司控股股东、实际控制人及其董事长等负责人积极配合上市公司履行信息披露义务,提高上市公司信息披露的真实性、准确性、完整性和及时性。

2. 实现对与信息披露交织的违法行为打击的全覆盖。JL集团除存在信息披露违法行为之外,还同时存在内幕交易JL公司股票、非法利用他人证券账户从事证券交易等多种违法行为。上海证监局在查办过程中,剥茧抽丝,将相关违法行为"一网打尽",并全部依法作出行政处罚。与信息披露违法相关的"伴生性"违法现象高发是近年信息披露案件的特点之一。上海证监局将全面打击,坚决遏制各类资本市场违法行为。

史某某指使上市公司从事信息披露违法行为案

违法期间,史某某系W公司(为上市公司)实际控制人。2019年1月至3月,史某某指使W公司相关财务人员将W公司及其全资子公司的累计7.4亿元资金划转至史某某指定的公司银行账户。为掩盖上述关联交易情况,史某某指使W公司相关财务人员对W公司相关定期报告财务报表相关科目进行调整。因史某某的隐瞒、掩盖行为,W公司未能按照规定及时披露上述关联交易事项,同时导致W公司相关定期报告存在虚假记载、重大遗漏。

2020年10月,上海证监局下发《行政处罚决定书》,认定史某某作为W公司原实际控制人,指使W公司从事信息披露违法行为,其行为已构成2005年《证券法》第一百九十三条第三款所述"发行人、上市公司或者其他信息披露义务人的控股股东、实际控制人指使从事前两款违法行为"的情形。依据2005年《证券法》第一百九十三条第三款的规定,上海证监局决定对史某某给予警告,并处以60万元罚款。本案具有以下典型意义:

1. 严厉打击占用上市公司资金行为。本案系上市公司实际控制人为达到占用资金目的,指使上市公司从事信息披露违法行为的典型案件。控股股东、实际控制人占用上市公司资金,把上市公司当成"提款机",严重损害了上市公司的独立性,侵占了上市公司的利益,而且损害了其他中小股东的权益。上海证监局对W公司实际控制人史某某予以顶格处罚,体现了严厉打击占用上市公司资金行为的态度和决心,是尽快落实《国务院关于进一步提高上市公司质量的意见》的坚决行动。

2. 依法追究实际控制人"指使"信息披露违法行为的责任。近年来,部分上市公司控股股东、实际控制人受到宏观环境变化等因素影响,资金周转出现困难,信用风险逐渐暴露。与本案类似,上市公司控股股东、实际控制人利用自己对公司的控制力,将上市公司沦为自己从事违法行为工具的违法情形时有发生。上海证监局对史某某作为实际控制人身份下的"指使"信息披露违法行为予以认定和处罚,能够有效警示上市公司控股股东、实际控制人敬畏法律、敬畏规则,促使其清醒认识上市公司独立性与公众性,谨记面向市场和广大投资者的诚信义务,引导其肩负起规范发展的主体责任,避免上市公司被动违法,提升上市公司规范运作和信息披露质量。

3. 贯彻精准打击、科学问责的原则,首次探索区分责任主体的差异化处理机制。史某某指使W公司相关财务人员划转资金的行为,系其个人及其控制公司与W公司之间的非经营性资金往来。史某某通过规避上市公司审议程序、指使调整财务报表等手段,隐瞒、掩盖上述事项并导致W公司未依法履行信息披露义务。本案尝试贯彻精准打击、科学问责的原则,首次探索提升行政处罚"精确度",直击实际控制人的违法责任,有利于避免上市公司和投资者因实际控制人一手主导的违法行为受到二次损害,有利于进一步提升证券监管执法的准确性、科学性、有效性,有利于实现法律效果与社会效果相统一。推进对实际控制人和上市公司的差异化处理是提高监管精准度的重要探索,不仅对市场乱象形成有效威慑,也为以后类似案件探索了新的监管路径。

4.3 防范和化解重大金融风险

持续健全风险防控体系。制定年度风险防控工作方案及分级防控总表,全面排摸辖区各类风险,突出疫情扰动与边际变化。加强风险等级分类管理,将"上市公司财务造假等恶性违法违规""新产品新业务风险"两个新增风险纳入监测防控。完善重大风险应急预案,按照风险事件的严重性、重要性程度,优化领导决策方式。积极参与金融委办公室地方协调机制、上海市防范化解重大风险以及金融安全等工作协调机制,及时互通关键风险信息,强化风险联防联控联处。

股票质押风险得到有效控制。"一司一策"推动高比例质押公司风险压降,截至2020年末,上海辖区第一大股东质押比例80%以上的公司共有15家,占辖区上市公司的4.4%,较年初净减少7家。股票质押业务规模持续下降,辖区证券公司股票质押待回购交易规模1 443亿元,较年初下降24%,整体履约保障比为236%,高于全行业水平;辖区资管产品对接的股票质押式回购项目待回购交易金额1 185亿元,较年初下降27%,所涉质押股票平均履约保障相比年初提升了6个百分点。

严控债券违约风险。"一户一档"做好个案风险应对防范,妥善化解"16文化01""18云克01"等债券回售兑付风险,推进个案风险处置。加强债券自营持仓和交易、债券承销及包销等风险防控,督促公司加强内部管控,制定完善风险预案。针对永煤集团、华晨集团信用债违约事件,重点防控辖区机构涉结构化发债产品风险,未发生风险外溢。

逐步出清私募基金领域风险。充分调动监管资源,增设综合业务监管处,专门负责辖区私募基金监管。定期更新风险台账和重点机构名单,集中对56家高风险私募机构进行专项核查,推动上海市政府召开私募基金风险排查处置专题会议,联合浦东新区政府开展私募机构检查353家次。与公安机关探索建立高风险私募机构多层次处置机制,加强对私募线索核查,协同出清风险。2020年已向公安机关移送、通报12家私募机构涉嫌违法犯罪的线索,推动公安机关直接对辖区20家私募机构(含已注销机构)涉嫌违法犯罪情况立案侦查。配合公安司法机关推进阜兴系、成安系私募机构刑事起诉,协同妥善化解私募领域维稳风险。

重大风险个案专栏

顺利完成华信证券风险处置

指导和监督行政清理组、托管组稳步开展风险处置工作。协助受让方开展受让资产、承接业务和客户、安置员工、新设验收等工作。行政清理期间,公司客户稳定,未发生大规模销户、群体上访事件;公司高管、员工情绪稳定,积极配合行政清理工作;经纪业务稳定运行,资管产品涉险风险全部化解,其他存量业务稳妥处理;舆情以正面引导为主。在各方的通力协作下,行政清理工作按期结束。

明天系公司风险处置平稳有序开展

加强与人行上海总部、上海市金融局及相关证监局的协同,对国盛期货实行接管,组建行政接管组,指导托管组开展工作。协调推动股东增资,缓解净资本不足压力。报告期内国盛期货经营正常,人员基本稳定,各项业务均正常开展,未出现重大负面舆情及相关信访投诉。国盛证券、新时代证券等明天系旗下金融机构在沪营业网点以及ST游久的各项业务均正常开展。

稳步推进涉系私募基金重大风险个案处置

推动地方政府参与排查,跨处室抽调骨干力量,"一家一策"对重点集团涉及的管理人及产品风险进行排摸。督促相关机构及时整改落实,压降风险规模。妥善处理信访接待,最大限度地做好投资者的安抚劝诫和就地吸附工作。

4.4 诚信及法治环境建设

加强市场法治环境与舆情阵地建设。对标国际一流标准,推动设立证券期货金融国际仲裁中心。修订出台《上海证监局证券期货市场诚信建设管理办法》。共录入违法失信信息245条,办理诚信查询事项138起,出具诚信报告398份。"上海证监局为科创板注册制营造诚信市场氛围"案例首次入选"上海年度十大政府优秀信用案例"。配合地方政府完成2020年国家营商环境评价"保护中小投资者""获得信贷"市区两级四项指标填报工作。共处理复议、诉讼和检察监督案件111起,同比增长166%,均获得监督机关的支持。

法治建设案例专栏

贯彻落实新《证券法》 全面发挥证券市场诚信档案制度作用

一、案例背景

党的十九届四中全会提出关于完善诚信建设长效机制的要求,国务院《社会信用体系建设规划纲要(2014—2020年)》对信用体系建设进行了部署安排,新《证券法》增加了关于诚信档案的规定,首次明确"国务院证券监督管理机构依法将有关市场主体遵守本法的情况纳入证券市场诚信档案"。为全面贯彻落实党中央、国务院决策部署和新《证券法》精神,上海证监局多措并举,进一步加强辖区资本市场诚信建设,提高资本市场诚信水平,促进资本市场改革创新和健康稳定发展。

二、案例内容

上海证监局以资本市场诚信法律制度为依据,以资本市场诚信数据库为重要抓手,以诚信信息共享、失信惩戒和守信激励机制为核心,注重风险预警与诚信文化建设服务,着力夯实辖区资本市场诚信根基,提升监管质效,进一步优化辖区资本市场运行环境。

(一)贯彻落实新《证券法》,服务资本市场"深改"

第一,根据新《证券法》首次明确的证券市场诚信档案制度,全面修订完善了《上海证监局证券期货市场诚信建设管理办法》(简称"《办法》"),修订后的《办法》加大监管信息归集力度,优化诚信建设工作程序,积极推进构建以信用为基础的新型监管机制,为保质高效开展辖区诚信建设工作提供制度保障。第二,细化落实证监会《关于做好科创板注册制试点中相关诚信信息共享和失信联合惩戒工作的通知》,主动宣传与科创板有关的诚信监管信息查询、信用记录应用、失信约束机制等。第三,及时、准确地将涉及科创板企业失信信息录入资本市场诚信数据库"科创板领域失信行为"栏目,形成有效震慑。在履行科创板拟上市企业辅导验收职责过程中,通过资本市场诚信数据库查询科创板企业股东、董事、监事及高级管理人员诚信状况,共涉及480人次(含企业数),坚持严把科创板入口关。

(二)常态化、全流程运用诚信信息,引导辖区资本市场各类主体诚信经营、真实披露、合规交易

第一,在证券期货行政许可审核中(涉及审核董监高任职资格、营业部网点设立、基金销售牌照申请、公司辅导验收等事项),严格按照规定查询诚信数据库。2020年以来,共在资本市场诚信数据库查询3 542人(含公司、机构数)诚信状况,要求对存在不良记录的3人进行核实并说明情况。第二,依据"限乘限飞"相关规定,及时认定辖区未及时履行证券期货罚没款缴纳义务、相关公开承诺的两类资本市场"老赖"名单,在一定期限内限制乘坐火车高级别席位和民用航空器并在"信用中国"网站进行公示。第三,将当事人的诚信状况作为确定处罚幅度、金额大小的重要参考因素,落实"零容忍"要求,依法依规对存在多次违法失信记录的主体从严惩治、从重打击。2020年以来,在资本市场诚信数据库中录入违法失信信息245条,并依据相关备忘录通过证监会与海关总署、人民银行、市场监管总局、税务总局等部门共享。

(三)运用信用监管手段,发挥风险预警和化解功能

第一,为持续出清"伪私募""乱私募"风险,坚决打击以私募基金名义进行的非法集资等犯罪活动。2020年,根据风险监测和排摸情况并结合资本市场诚信数据库公示的证券期货

市场失信被执行人名单和企业异常经营名录名单,上海证监局将56家私募机构列入专项检查计划。第二,积极推进行业诚信建设宣传。2019年向辖区证券、期货、基金同业公会下发《关于开展上海证券期货行业信用承诺活动的通知》,指导辖区证券、期货、基金同业公会及会员企业开展签署信用承诺书活动。各主体主动承诺不断加强自身建设,提高规范化运作水平,维护会员合法权益。第三,高效便民对外提供诚信服务,在新冠疫情期间,上海证监局及时调整诚信信息查询服务方式,接收市场主体查询申请并通过非现场方式反馈相关结果,保证诚信服务"不断档"。面对辖区不断增长的诚信查询需求,积极改进诚信报告对外服务工作,简化申请材料,明确查询要求,优化查询流程,全方位便利市场主体。

(四)强化诚信监管协同,营造诚信守法的辖区环境

第一,协助上海市金融工委严把"三类金才"评奖关,在资本市场诚信数据库中查询参选人员900余人,并及时反馈存在诚信信息负面记录的人员,其中3名存在违法失信记录的主体因此被取消参选资格。第二,按照信息共享与监管互认安排,协助上海海关查询3 000余家"2018年上海关区认证企业"诚信状况,并反馈存在负面记录的企业13家。上海海关依据反馈结果,对上述13家企业开展重点核查并下调其中1家企业的信用等级。第三,与上海银保监局交换年度金融机构从业人员违法违规信息,有效地发挥了数据库中违法失信信息的联合惩戒作用。

三、绩效评价

上海证监局开展的诚信建设各项工作在净化市场生态、加大违法成本、引领行业诚信文化方面取得了突出的成效。一是制度化、规范化、高效化的内部诚信工作制度,为核验发行人信息披露质量、把好上市公司质量入口关提供了重要支持。同时上海证监局进一步掌握公司及相关主体诚信记录,有利于重点关注上市公司控股股东、实际控制人等关键少数的诚信状况以及存在相关负面记录的主体情况,进一步强化事中事后监管,提升监管有效性。二是有力地惩戒了资本市场"老赖"。通过证监会向铁路总公司、民航局报送特定严重失信人7名,涉案金额近6 000万元,并在"信用中国"网站进行公示,有力地惩戒了辖区资本市场"老赖"。三是辖区各类市场主体诚信意识进一步强化,逐渐从外在的激励约束转化为市场活动的内生机制。辖区共计428家各类证券期货主体均已签署《诚信经营承诺书》,承诺全面提升诚信合规水平,保护投资者权益,以诚信赢得市场。在上市公司高管任职、证券从业时,相关主体依法主动查询诚信记录,2020年以来,上海证监局共办理诚信查询事项138起,向各类市场主体提供398份资本市场诚信报告。

四、创新启示

加强诚信建设是促进辖区资本市场持续稳定健康发展的内在要求,有利于降低市场交易成本,优化市场诚信环境,提振市场信心,促进和保障资本市场持续稳定健康发展。加强资本市场诚信建设是充分保护投资者合法权益的客观要求。随着资本市场创新发展不断深

化,积极推进信用监管,有利于针对性提高违法失信成本,有效维护市场正常秩序,保护投资者合法权益。加强资本市场诚信建设是树立监管公信力的必然要求,有利于促进监管向事中事后转型,打造公开透明的监管形象,全方位提高监管效能。上海证监局将全面深入贯彻落实新《证券法》,不断深化加强诚信建设,全面发挥证券市场诚信档案制度作用。

《上海证券报》对上海证监局执法专题座谈会的报道

(2020—07—31)

上海证监局组织召开专题座谈会 对资本市场财务造假等违法犯罪"零容忍"

为了落实国务院金融稳定发展委员会第三十六次会议提出的对资本市场违法犯罪行为"零容忍"工作部署,积极营造有利于上海国际金融中心建设的良好法治环境,近日,上海证监局会同上海市司法机关等相关单位召开执法专题座谈会,研究进一步加强证券执法司法联动,强化刑事追责力度,形成打击资本市场违法行为合力。上海市高级人民法院、上海市人民检察院、上海市公安局、证监会上海专员办、上海证券交易所、上海期货交易所、中国金融期货交易所等单位参会。

会议认为,今年是上海国际金融中心基本建成之年,严厉打击资本市场违法犯罪行为,维护资本市场良好的法治环境,建设金融法治高地,具有特别重要的意义,必须动真格、出实招、求实效,全力贯彻落实国务院金融委对资本市场违法犯罪行为"零容忍"的工作要求。

会议同时提出,要综合运用行政、刑事、民事追责以及自律处分,失信惩戒等法律手段,构建立体化惩治体系,不留死角,加大"零成本、少成本、从快从严,从重打击资本市场类违法犯罪行为。首先,从严惩治,对证券期货违法违规犯罪行为决不保障商品立意态势,进一步加大行政处罚、市场禁入和自律处分力度,对凡是达到刑事追诉标准的,要坚决移送公安司法机关。其次,从快处理,证券期警交易所等部门、司法机关持续依行政执法与刑事司法各环节衔接和配合,进一步加快线索发现、调查、处罚、移送、追责,起诉、审判进度,快速打击违法行为,及时回应市场关切。最后,从严从重,对证券期货违法犯罪者出重拳,用重典,对构成严重犯罪的依法从重追究刑事责任,严格控制缓刑的适用,加大财产刑处罚力度,依法适用从业禁止处罚措施。

为了落实国务院金融稳定发展委员会第三十六次会议提出的对资本市场违法犯罪行为"零容忍"工作部署,积极营造有利于上海国际金融中心建设的良好法治环境,近日,上海证监局会同上海市司法机关等相关单位召开执法专题座谈会,研究进一步加强证券执法司法联动,强化刑事追责力度,形成打击资本市场违法行为合力。上海市高级人民法院、上海市人民检察院、上海市公安局、证监会上海专员办、上海证券交易所、上海期货交易所、中国金融期货交易所等单位参会。

会议认为,今年是上海国际金融中心基本建成之年,严厉打击资本市场违法犯罪行为,维护资本市场良好的法治环境,建设金融法治高地,具有特别重要的意义,必须动真格、出实招、求实效,全力贯彻落实国务院金融委对资本市场违法犯罪行为"零容忍"的工作部署。

会议研究提出,要综合运用行政、刑事、民事追责以及自律处分、失信惩戒等法律手段,构建立体化惩治体系,不留死角,从严、从快、从重打击资本市场各类违法犯罪行为。首先,从严惩治,对证券期货违法犯罪行为坚决保持高压态势,进一步加大行政处罚、市场禁入和自律处分力度,对凡是达到刑事追诉标准的,要坚决移送公安司法机关。其次,从快办理,证券期货交易所、证券监管部门、司法机关持续深化行政执法与刑事司法各环节衔接和联动,进一步加快线索发现、调查、处罚、移送、侦查、起诉、审判进度,快速打击违法行为,及时回应市场关切。再次,从重打击,对证券期货违法犯罪者出重拳、用重典,对构成严重犯罪的依法从重追究刑事责任,严格控制缓刑的适用,并加大财产刑处罚力度,依法适用从业禁止处罚措施。

掀起全面学习贯彻落实新《证券法》的热潮。通过线上学习、专题培训、定期集体学习、以考促学等多样化方式,推动全局干部精准把握新《证券法》精髓。落实新《证券法》要求,及时对外更新发布行政许可及相关备案工作指引,督促证券机构建立备案审查机制。批量启动完成案件调查、行政处罚等监管业务制度规则的修订。组织召开辖区市场主体学习贯彻新《证券法》培训交流会,下发《关于深入学习贯彻落实新〈证券法〉进一步提升上海资本市场发展水平有关事项的通知》,要求辖区各类市场主体开展全面对照检查,督促市场主体通过找差距、抓落实,提高规范化水平;引导市场主体在学法懂法守法的基础上,用足用好新《证券法》赋予的改革发展空间,依法开展管理创新、产品服务创新、科技创新,激发市场活力。指导行业协会开展新《证券法》知识竞赛,2万余名从业人员参与。指导上市公司协会开设"新政讲堂"线上讲座,辖区1 000余名上市公司高管及董办成员在线观看。

学习贯彻新《证券法》培训交流会

推动提升投资者遵法法学法守法用法水平。在上海证监局官网和中国证券网开辟新《证券法》学习专区,发布各类图文、视音频投教作品20余种。联合投服中心、上交所等在沪系统单位举办"3·15细说新《证券法》""来了!新《证券法》"等投教活动,线上观看超10万人次。引导投教基地开展新《证券法》宣传普及活动,受众累计逾1亿人次,参与人次突破500万。《中国证券报》《上海证券报》等多家权威媒体报道了相关普法活动,进一步提升普法宣传的影响力。指导行业协会开展学习新《证券法》投资者调查,收回有效问卷7 441份,为进一步提升普法效果提供了重要参考。

4.5 科技监管

制定《上海证监局科技监管工作规程》,健全完善科技监管制度机制。协同配合上海市公安局共同开发辖区"私募基金风险洞察模型""证券市场财务异常洞察系统""异常个股洞察系统""配资预警巡查模型""证券期货犯罪发现模型"等监测系统,实现风险的动态监测,显著加快了案件侦办速度。积极参与上海市"市场监管主体平台"建设,配合陆管局推进中国(上海)自贸区资本市场开放及监管综合平台建设,努力提升监管效能。

4.6 信息公开

加强政务公开标准化规范化建设,优化信息公开办理流程,2020年共办结580件政府信息公开申请。坚持明信息、树信心,聚焦新冠疫情、私募风险、新《证券法》等重点热点领域,协同宣传部、网信办加强舆情监测,积极宣传政策成效,营造积极向上的舆论氛围。

4.7 调查研究

走访中央驻沪有关单位、市金融局、市司法机关等单位,宣讲会党委中央决策部署。主动与浦东新区区委区政府、自贸区临港新片区管委会对接,共同研究商议上海市场贯彻落实习近平总书记在浦东开发开放30周年庆祝大会上的重要讲话精神的思路措施。加强一线调研,会同市委统战部、市金融工委组织召开专题会议,听取辖区民主党派人士关于上海国际金融中心建设工作的意见建议,相关工作得到上海市委常委、统战部部长郑钢淼同志的充分肯定和重要批示。围绕科创中心建设、新三板改革、中介机构能力建设、行业开放发展等重点工作,赴协会、上市公司、行业机构及其营业部开展调研。向证监会和市政府报送有关"上海国际金融中心建设法治保障比较研究""打造更高开放度证券期货国际金融平台政策建议""科创板上市公司募集资金使用管理情况统计分析"等专题研究报告。

第五章

投资者保护

5.1 投资者教育

利用云直播、云课程等新媒体手段,开展"三板新风,携手向前""走近科创,你我同行"等专题投教活动,"上海地区投资者保护宣传专区"上线首日浏览量即突破10万人次。开展上市公司投保宣传百日行动,进行投资者保护专项现场检查。联合通信管理局、公安机关,通过发布防非公益短信、播放防非标语及动漫视频等形式加强防非宣传。制作辖区投保工作宣传片,发布投教基地大百科宣传手册。推动投资者教育纳入国民教育体系,联合行业协会、高校启动教材读本编写工作。

5.2 信访维稳

持续提升信访窗口服务质量,优化电话服务流程,将投资者教育和风险提示融入来电等待期,制定规范化、标准化服务用语。开展行业调解组织调研走访,深入推进证券期货纠纷多元化解。未发生涉众型维稳风险事件。上海证监局获评"2018—2019年度上海市信访系统文明信访室"荣誉称号。

投资者保护专栏

《上海证券报》对上海证监局与投服中心共同举办"3·15"投教活动的报道

(2020—03—16)

3月15日是国际消费者权益日,为向中小投资者宣传普及新证券法投资者保护相关内容,引导投资者全面知权、积极行权、依法维权,上海证监局与中证中小投资者服务中心(下称"投服中心")共同举办"投保有道:3·15细说新《证券法》"活动。

根据证监会和上海市疫情防控工作部署,活动采用线下录制、线上播出的形式,并于3月15日上午10点在全景网正式上线。这是上海证监局、投服中心首次共同举办纯线上投各证券公司进一步明确董事会、监事会以及经营管理层在行业文化建设中的职责,以完善公司治理推进行业文化建设,通过有效披露公司重要信息,保障股东、董事、监事的知情权,积极向投资者传导公司在行业文化建设方面的成果,形成尊重投资者、对投资者负责的文化氛围,助力公司高质量发展。

例如,东方证券加强内外监督联动,发送《董监事通讯》,将"协同发挥监督合力"列入监事会重点工作,督促相关部门及子公司加强落实,组织开展公司治理研究,课题成果《立足完善监督制衡机制,致力提高上市公司质量》刊发于新华网、《中国证券报》。

2. 成立行业文化建设领导小组,落实相关保障

各证券公司成立了行业文化建设领导小组及工作小组,由分管领导具体负责、相关职能部门参与。部分公司设立专部、专岗具体负责,如申万宏源证券公司设立企业文化部、光大证券设立文化建设办公室、申港证券在各业务条线设文化专员、国泰君安启动"火炬"计划打造企业文化兼职讲师团队等。同时,各证券公司做好配套保障,为企业文化建设提供经费支持和物质投入,及时做好物资采购、后勤保障服务等工作。

3. 不断完善行业文化配套制度建设

各证券公司对标"合规、诚信、专业、稳健"的核心理念及法律法规最新要求,结合自身特点,分别制定、修订公司相关制度和流程。通过不断地细化完善配套制度,抓好制度落地、落细、落实,提高制度执行力度,强化文化认同感,促使企业文化在行业文化建设的推进过程中,体系得到完善、内涵得到丰富、外延得到拓展。

例如,东方证券公司已发布实施《投资者关系管理办法》,对照相关最新要求,开展配套制度查缺补漏工作;摩根大通证券公司建立了以《商业原则》《员工手册》《职员行为准则》为统领、相关配套制度为支撑的文化建设制度保障体系。

4. 将行业文化建设目标融入公司发展战略

各证券公司将行业文化建设工作规划纳入公司发展战略规划体系,在回顾和总结行业文化建设工作所取得阶段性成果的基础上,研究制定新一轮行业文化建设规划,提出行业文化建设的重点任务、工作目标和具体举措,逐步完善建立公司发展与行业文化建设融合机制,加强统筹安排,提升融合发展契合度。

部分证券公司还通过优化战略评价指标体系,促使公司企业文化与公司战略融合发展。例如,上海证券董事会已参照行业分类评价政策和职业道德与行业文化建设专项指标,推进公司自我评价制度建设,在公司年报中披露自我评价和企业文化相关内容;光大证券建立战略与行业文化理念融合发展的评价机制,优化战略指标及协同指标体系,发布《协同工作管理办法》,搭建并完善公司 E-SBU 协同工作机制;华金证券修改公司章程,明确将"合规、诚信、专业、稳健"的行业文化理念写入公司战略制度;申港证券结合实际,绘制文化图谱,构建子文化体系;东方证券在公司季度、中期战略执行情况分析与评估报告中,对文化建设工作进行分析

和评估。

9.1.3 加强内控与风险管理,夯实稳健发展根基

1. 推动行业文化建设与风险防控系统整合,完善内部控制机制

各证券公司通过深入学习贯彻落实新《证券法》和《民法典》等法律制度,坚持一切经营活动以符合法律法规、监管规定为第一准绳,不断完善公司《全面风险管理》等各项基本制度,加强"全方位、全过程、全覆盖"等穿透式管理要求,完善合规风控体系,提高公司经营规范化程度,切实筑牢公司发展的基石。探索开展专项审计,将行业文化建设纳入各部门稽核审计范围;夯实内控长效管理机制,搭建综合内部控制流程管理框架体系;做好风险排查与现场检查,提高业务人员风险预研预判能力;严格监督、严肃执纪,优化监督问责体系,强化筑牢珍惜职业声誉、恪守职业道德的思想防线,推进诚信行业文化建设。

例如,德邦证券全面升级公司内控管理,牵头建立公司层面工作小组,全面优化内部制度,稳步推进"纪律严明"的公司文化;东方证券研究制定《行业文化审计标准》和《企业文化稽核规范》,完成多个部门的行业文化建设审计;民生证券将各业务部门符合要求的风控专员纳入风险管理体系,提升风险管理效率和水平;申港证券在实施2019年度审计工作中,对年度合规管理、内部控制的有效性和廉洁从业管理情况进行了评估;光大证券建立起事前、事中、事后(为主)的监控体系,完善反洗钱监测系统可疑指标模型,并对数据质量分析模块功能和风险等级进行优化等。

2. 加强廉洁从业教育,完善廉洁从业自律管理机制

各证券公司持续贯彻落实《证券期货经营机构及其工作人员廉洁从业规定》,完善制度体系,扎紧制度篱笆。通过常态化发布违反中央八项规定精神典型案例、金融行业反腐动态、廉洁文化、基层党风廉政建设工作经验和廉洁教育工作动态等方面的宣传报道,从思想根源上筑牢廉洁从业意识;深化廉洁风险防控工作,聚焦人、财、物等关键岗位和业务环节进行风险排查,制定相应防控措施;健全岗位制衡机制,在公司人员聘用、晋级、提拔、离职及考核、稽核审计、入党等方面,切实对廉洁从业情况予以考察;完善廉洁从业监督管理机制。

例如,华宝证券落实全面从严治党要求,加强警示教育,明确责任领导和责任部门,层层组织签订《党风廉政建设责任书》,将党风廉政落实情况纳入绩效考核;申万宏源通过整合纪检、稽核审计、计划财务、法律合规、风险管理、组织人事等部门的监督力量,织密监督网络,有效发挥预防腐败联动机制的作用,持续加强廉洁风险防控体系建设;上海证券将廉洁从业监督管理融入人事管理、干部选任、财务管理、业务管理、客户服务、合规风控等工作机制和流程,有针对性地升级优化风险管控措施,探索运用自查、日常监督、审计、检查等手段,构建廉洁风险防控机制的有效闭环;光大证券开展"建议式监督",对监督中发现的问题及时向有关党组织或单位提出纪律检查建议;德邦证券将廉政建设工作纳入稽核审计范围。

9.1.4 恪守职业道德,崇尚专业精神

高素质的人才是建设优质行业文化的内驱动之源,行业文化建设的成果最终体现在人才队伍的精神面貌、职业道德和专业素养上。各证券公司积极通过多种形式加强员工队伍建设。

1. 健全完善职业道德制度规范

例如,摩根大通制定了《反腐败政策》等制度,作为公司廉洁从业的基础制度及执业行为规范;民生证券完善用人制度,把好"入口关""任前关""出口关",对新入职员工道德情况进行严格调查,对拟提任的干部设计严格规范的干部考察程序。

2. 强化全员职业道德教育工作

例如,申万宏源在员工思想教育方面持续开展以"爱党爱国爱司爱岗"为主要内容的"与祖国共奋进与公司同成长"系列主题思想教育活动;光大证券制定《员工正负向行为清单》,将行业文化、企业文化融入员工思想道德教育,使之转化为员工的自觉行动;德邦证券构建员工积分体系,以公司核心价值观和行业文化要求为衡量指标,将文化价值观具象化,结合员工行为事件给予积分奖励,激励员工自我管理;野村东方开展"道德日"活动,包括观看集团学习视频、学习集团行为准则、阅读集团CEO给全体员工的信件、签署"承诺确认函"等;华宝证券对新员工开展道德风险测试等。

3. 树立标杆、表彰先进

例如,海通证券召开公司扶贫公益和抗疫工作总结表彰大会,对公司先进集体和个人进行表彰;国泰君安开展"职业道德先进个人"评选活动;光大证券开展"光大证券青年五四奖章集体""光大证券青年五四奖章"评选表彰工作;摩根士丹利华鑫证券特别设立"最佳公司价值体现"奖项,对充分体现公司核心价值观的员工进行表彰。

4. 加强警示教育

例如,申万宏源组织梳理证券行业违法犯罪行为典型案例,通过全员警示教育大会、公司司报、法律合规平台等进行宣导,牢固树立员工底线和红线意识,同时强化日常思想教育,持续做好节假日廉洁提醒。

9.1.5 优化创新创优激励机制,激发员工积极性

完善选人用人标准,在员工招聘面试评价标准中明确增加"职业道德价值观念",对新入职员工开展道德风险测试,要求新员工签订"合规承诺书"等,促使新员工强化合规文化理念,增强底线、红线意识。将行业文化建设成效与部门及全员绩效考核挂钩,设置行业文化建设考核分值评价,建立相关激励机制。

例如,华宝证券增加部门合规文化建设考核指标;东方证券在部门绩效考评中设立"行业文化建设"大类指标,加大文化建设在年度评价体系中的权重。华兴证券、摩根大通证券等公

司建立了绩效薪酬递延支付机制,东方证券公司开展员工持股计划,形成长效激励约束机制,促进员工遵守职业道德规范,取得长期良性发展。申万宏源启动为期三年的"树岗位标兵 铸匠心服务"职工技能节,围绕"提升财富管理能力和合规职业能力"这一重点,开展投资顾问模拟操作大赛、证券服务案例大赛、新《证券法》全员学习竞赛,对提升干部员工岗位技能、激发创造活力、鼓励争先创优起到了积极推动作用;德邦证券开展"企业文化大使评选活动",发现和培育践行德邦证券企业文化核心理念的典型等。

9.1.6 持续开展专题宣传培训,提升社会影响力

1. 加强各类媒体宣传报道

在中国证券业协会与《中国证券报》联合推出的"证券业文化建设高管谈"栏目中,原东方证券党委书记、董事长潘鑫军发表了《变无形为有形 化有形为无形——东方证券企业文化建设的实践与探索》,国泰君安党委书记贺青发表了《立金融报国之志 圆文化强司之梦》,申万宏源董事长储晓明发表了《打造"有信仰、敢担当"的一流国有金融企业》,海通证券总经理瞿秋平发表了《公司三十而立 强化"软文化"与"硬制度"建设》,光大证券党委书记、董事长闫峻发表了《以"信赖共赢"培育成熟理性投资文化》,德邦证券董事长金华龙发表了《文化强企 踏浪前行——德邦证券证券文化建设新局》,民生证券党委书记、董事长冯鹤年发表了《加强合规文化建设 共创健康发展生态》等,有行业影响力的专题文章。

原东方证券党委书记、董事长潘鑫军受邀出席上海市国资系统企业文化论坛,并作为金融行业唯一代表做了《聚人心、兴家园、促发展》主旨演讲;同时,东方证券还在其他媒体发表了《东方证券:坚守合规与诚信底线,为公司经营打好"稳健"底色》等相关报道;光大证券在中证协网站发布、媒体推送了《光大证券关于践行行业文化全力打赢疫情防控阻击战的情况报告》;等等。

各证券公司通过各种方式开展内部学习宣传活动,促进员工积极参与、深刻领会行业文化建设理念。如德邦证券开通"小邦说合规"微信公众号,向公司员工和社会公众分享最新监管动态和法律法规解读;光大证券启动企业文化诊断,构建立体化宣教体系;申万宏源面向全体员工加强日常"微教育",利用微信公众号编发视频 59 篇(部),关注人数 8 500 余人,编制《法律合规信息快讯》等加强警示教育;东方证券启动《行业文化宣传片》摄制;中银证券基本完成宣教材料编写工作;等等。

2. 开展主题活动,吸引员工参与行业文化建设

海通证券党工团组织共同举办"祖国颂·海通爱"系列活动、扶贫公益和抗疫系列图片展以及青年才艺达人秀等活动;德邦证券于"e-Learning"线上培训平台推出"【光】企业文化伴你行"线上栏目,以讲故事的形式解读企业文化价值观;申港证券通过合规小品等形式增强新员工对行业准则、合规风控的认知;光大证券开展光证"超话"活动,选取备受瞩目的"超级话题",

例如"反洗钱""光证法""新基建"等,以在线直播的方式,鼓励公司员工进行交流。

9.1.7 积极履行社会责任,维护行业形象

1. 开展投资者教育活动

(1)各证券公司通过分支机构或依托互联网投教基地、实体投教基地,积极开展新《证券法》普法宣传、防范非法证券宣传月、5·15投资者保护日、新三板和创业板适当性管理投教等活动,引导投资者理性投资、防范风险,切实维护投资者合法权益,保护投资者资产安全,提供诚信服务,维护业务稳定,构筑全方位客户安全保障体系。

例如,海通证券国家级(实体)投教基地,疫情期间在做好各种安全防护的情况下,每月坚持对外开放时间达到175个小时,充分保障社会公众的现场参观需求。全年现场参观、"云参观"、通过现场直播及视频服务辐射超过500万人次。全年投教产品投放数量374个,其中原创图文、视频类产品118个,原创书籍及画册2本,原创投教文创作品15个,原创海报20个,原创折页5个。创新推出真人系列情景剧"投教泡腾片",作品以短小精悍的情景剧为主线,向投资者介绍创业板、科创板、新三板相关业务知识,以及打击非法证券、揭秘"杀猪盘"、防范非法集资等提倡理性投资理念的内容,收获了良好的宣传效果。

(2)进一步落实将投资者教育纳入国民教育体系试点工作要求。例如,海通证券、光大证券、国泰君安证券、申万研究所和上海东方证券资产管理有限公司等单位积极参与上海立信会计金融学院《证券实务案例》教材编写工作;德邦证券开展"邦小白"进校园系列活动,共走进45所全国高校,开展50余次主题投教培训,促进金融专业人才培养;海通证券实体投教基地开展"海通证券·彩虹课堂投教公益计划",通过开展财商课堂教育、捐赠书籍、师资培训、走进投教基地等方式,致力于提升贫困地区青少年财商教育、弥补乡村课堂的空白等。

2. 勇于承担社会责任,积极参与各项公益活动

各证券公司以多种形式组织开展社会公益活动。例如,野村东方在野村控股慈善基金的支持和协助下,开展故宫建筑美学公益之旅、美疆—野村爱心图书室捐赠、慈善羽毛球赛等活动,通过爱心志愿者、捐书以及助学金捐款等形式,向新疆及云南等偏远地区的孩子和上海儿童基金会需要帮助的孩子们送去关怀;摩根大通证券公司向友成企业家扶贫基金会捐赠物资,以支持乡村女性赋能计划,履行企业社会责任等。

9.2 基金行业

2020年,上海基金行业继续坚持以习近平新时代中国特色社会主义思想为指导,认真学习贯彻党中央国务院加强文化建设的决策部署,着力打造"合规、诚信、专业、稳健"的行业文

化,努力开创基金行业文化建设新格局,用文化的力量引领方向、促进发展、塑造形象,为建设规范、透明、开放、有活力、有韧性的资本市场注入新动能、提供新支撑。

9.2.1 推动党建工作与行业文化建设有机结合

上海基金行业始终坚持党建引领业务,充分发挥党支部战斗堡垒作用,研究部署文化建设工作的具体举措。

例如,汇添富基金持续完善"业务伙伴联建""公益党建"等品牌项目,树立一批支部和党员典型代表,加大宣传力度,丰富宣传内容,落实党务公开,更好地发挥先进基层党组织和优秀党员在行业文化建设中的模范带头作用。兴证全球基金以"党委中心组学习、支部集中学习、党员个人学习"的形式,积极开展各类主题党课及专题学习活动,同时有针对性地开展一系列各具特色、主题鲜明的党建活动,通过"党建＋公益"和"党建＋团建"的方式,鼓励党员在工作中发挥模范带头作用,增强广大党员的宗旨意识。兴业基金组织全体党员参加党章党规党纪知识答题活动,进一步提升党性修养;组织基层党支部开展参观红色教育基地的主题党日活动,重温入党誓词,唤醒入党初心,教育引导广大党员干部严守党纪国法,知敬畏、存戒惧、守底线、守初心、担使命,践行"合规"文化。

9.2.2 完善公司治理,建立长效机制

各基金公司严格按照《公司法》《证券法》及证监会相关规章制度的要求,不断完善法人治理结构,使各层次在各自的职责、权限范围内,各司其职、各负其责,确保公司的规范运作。

例如,财通基金顺应监管新趋势,贯彻行业新规要求,结合公司业务实际,全年制定及修订制度40余项;开展"制度学习月"活动,举办"Let's Talk 财通讲堂",引导全员学习贯彻规章制度。国泰基金于报告期内启动2021—2025年战略规划制订工作,将企业文化建设作为重要内容纳入规划,将"服务大局、履行使命,突出主业、践行初心,防控风险、稳健前行"作为未来五年的主要定位。万家基金以文化建设为目标,完善公司治理自我评价制度,确保公司治理充分体现行业文化精神。

9.2.3 坚守合规底线,构筑发展根基

上海基金公司始终牢记"合规创造价值""合规先行"的理念,坚持规范有序、合规经营的行业文化。

例如,富国基金在新员工入职、技术和行政职务聘任环节,均进行合规谈话、签署"合规承诺函",承诺遵守诚信义务;在日常展业过程中,公司合规稽核部对全体员工进行持续的合规培训及合规提示。万家基金按照行业文化理念建立新制度、提高制度效能,2020年度建立健全内控制度42项,全方面涉及公司运营。华泰保兴基金颁布实施《内部控制大纲》《合规管理制

度》《廉洁从业管理制度》《内幕交易防控管理办法》《员工证券投资行为管理办法》《专户投资管理人员管理办法》等管理规章制度,优化内部控制环境;同时,持续开展合规警示教育,切实防范利益冲突。

9.2.4 筑牢诚信之基,构建优质生态圈

上海基金行业始终坚持"受人之托、代人理财"的初心,内建道德准则,外树行为规范,共筑诚信城墙。

例如,中欧基金坚持行业信托精神、契约精神,建立"鼓励诚信、惩戒失信"机制,维护中欧基金品牌声誉。中银基金根据严管与厚爱相结合的公司问责机制,由审计部牵头,回顾2020年度风险事件处理情况;通过内部研讨会、诚信书籍阅读分享、诚信文化墙签名、定制"诚信文化"宣传品、梳理诚信相关制度法规等多种形式深入开展主题活动,将诚信文化融入日常工作中。

9.2.5 以人为本,优化激励机制

上海基金公司注重人才培养,不断优化激励机制,为基金行业文化建设注入活力,提供内生动力。

例如,汇添富基金每季度对当季新入职的员工进行培训,强化文化内核要求,帮助新员工树立正确的职业价值观,夯实职业道德基础,同时建立了长效考核激励机制,在业内率先实施员工持股计划,核心团队人员流失率远低于行业平均值。财通基金定期开展薪酬数据调研,重点参与基金行业薪酬数据及其他日常人事统计调研工作,根据调研结果制定年度整体调薪方案;进一步修订《绩效考核管理办法》,传导公司"六知六防"核心价值理念,落实责任约束;积极探索优化考核激励制度,设立更科学的绩效分配制度。中庚基金根据监管法规要求及公司内部激励机制,对投研团队的考核期限拉长至3年,鼓励投研团队充分发挥自主创造性;递延发放重点岗位员工的绩效奖金,充分保护投资者利益;将客户体验设为销售团队的最大考核权重,强化服务客户理念。恒越基金董事会对经营管理层以3到5年为周期进行长期考核,并设置相应的激励机制,绩效与合规诚信表现直接挂钩,并设置相应的递延发放机制。长安基金针对不同岗位和业务可能存在的职业道德和业务风险,设置不同的薪酬递延机制,引导员工自觉遵守各项法律法规及公司制度的要求。兴银基金完成了薪酬职级体系改革,通过新的薪酬职级体系搭建了"职务—职级"的H型职业发展通道,构建了更具市场竞争力的薪酬体系,为员工的价值实现和公司的蓬勃发展注入新动能。

9.3 期货行业

2020年,上海期货公司积极响应党的十九届五中全会提出的"要加快构建以国内大循环为主体、国内国际双循环相互促进的新发展格局",着力加强行业文化建设,并致力于把行业文化建设成果体现到期货公司的凝聚力、战斗力和竞争力上。

9.3.1 党建引领推动文化建设

上海期货行业始终坚持党建引领业务高质量发展,依托党建保障金融服务能力提升,形成良好的工作机制,坚持抓好风险防控,服务实体经济,支持乡村振兴战略,防控金融风险,积极为资本市场的高质量发展贡献期货力量。

例如,国泰君安期货成立了以党委书记、董事长为组长,班子成员为组员的文化创建工作领导小组,发挥党政工团合力,形成上下协同、齐抓共管模式。通过丰富的活动载体对企业文化进行宣导,拍摄微视频《守初心,再出发》,组织开展"不忘初心、金融报国、致敬新时代"徒步活动,组织参观"人民城市人民建,人民城市为人民"党建驿站主题教育活动,参观"南京路上好八连"事迹展览馆,开展"我与'学习强国'的点点滴滴"分享交流会,举办基层党务工作培训等文化品牌活动,强化员工对公司的文化认同。

海通期货充分发挥党委"把方向、管大局、保落实"的领导作用,研究安排部署公司文化建设的落实工作,切实把行业文化建设任务纳入公司治理的重要内容。落实党委领导班子"一岗双责"责任,建立健全落实长效机制,强化责任追究,构建合规风控基础上的监督执纪问责体系,全面提升公司行业文化建设能力。

9.3.2 底线思维锻造合规廉洁文化

上海地区期货公司充分认识到合规风控既是金融企业的生命线,也是基业长青的基石,始终以高度的使命感和责任感做好合规廉洁文化建设。

国信期货依据行业相关法律法规制定《国信期货有限责任公司章程》,从权力制衡的角度规定了各机构的设置及权利义务,建立了完善的法人治理结构。在公司治理、投资者适当性以及资产管理、投资咨询等各类业务中严守合规底线,及时加强合规规则的制定、梳理和修订。

海通期货在合规风控人才队伍建设方面坚持"两手抓":一方面,从外部引进合规风控人才,针对重点业务、重点品种,有的放矢地加强合规风控队伍建设;另一方面,重视对员工的业务培训和合规培训。此外,公司加强风险管理信息系统建设,利用技术手段识别风险、防范风险、管理风险,构建双中心双活交易集群系统来确保交易速度、交易的安全性和稳定性。

申银万国期货坚持将合规文化建设的基本要求制度化、规范化，嵌入业务和管理的各项流程之中，修订完善《申银万国期货有限公司员工廉洁从业实施细则》，以制度承载道德理念、固化良好品行、强化文化认同。建立便携式法律法规和规章制度查询库暨合规与风险管理云平台，自觉践行和弘扬行业合规与廉洁从业文化。

9.3.3 勇于担当履行社会责任

上海地区各期货公司立足行业特色，在服务实体经济、脱贫攻坚、抗击疫情等重要战略中，充分发挥自身专业优势，履行社会责任。

国信期货始终坚持金融为实体经济服务的宗旨，充分发挥期货市场的功能，积极探索钢铁领域基差交易新模式。2019年，国信期货成功辅导全球最大铁矿石生产商巴西淡水河谷公司利用国内期货价格开展基差贸易，该项目是境外矿山利用国内期货价格开展基差贸易的首例，被上海市政府授予"2019年度上海金融创新奖一等奖"。

国投安信期货视履行企业扶贫责任是"为社会"企业文化中的重要部分，也是响应国家号召、服务国家脱贫攻坚战略的重要举措。自开展扶贫工作以来，在全国14个省25个贫困地区（含18个国家级贫困县）开展了教育帮扶、结对帮扶、产业帮扶、驻村帮扶、金融帮扶和消费帮扶等一系列精准扶贫工作，累计投入扶贫金额2 000余万元。

新湖期货经过不断地探索和实践，通过保险公司将广大农民与期货市场连接起来，打造"农民买价格保险保收益，保险公司购买场外期权对冲风险，期货公司风险管理子公司复制期权覆盖风险"的业务闭环，首创"保险＋期货"创新扶贫模式。该模式得到了农业部、国务院发展研究中心、证监会、交易所等各方高度肯定，2016—2020年连续5年写入中央一号文件。2020年，新湖期货继续助力脱贫攻坚决胜之战，新开展项目16个，承保现货农产品约47万吨，对应场外期权名义本金约12.8亿元。

第十章

自律组织建设

10.1 自律组织简介

上海上市公司协会、上海市证券同业公会、上海市基金同业公会、上海市期货同业公会是由上海证监局主管的辖区自律组织。一直以来，自律组织积极发挥自律、服务、传导的作用，搭建会员与会员之间、会员与监管部门之间的沟通交流平台，协同配合，共同推动上海辖区资本市场健康稳定发展。

10.1.1 上海上市公司协会

上海上市公司协会成立于2011年5月5日，其前身为上海上市公司董事会秘书协会。会员主体包括在上海注册的境内外上市公司、在上海证监局备案的拟上市公司和符合法律法规规定及证券主管单位认可的与上市公司业务相关的机构。截至2020年末，共有会员单位331家。

会　　长：顾金山
秘书长：袁　艺

10.1.2 上海市证券同业公会

上海市证券同业公会成立于1997年1月31日，原名上海市证券业协会，2003年7月17日更名为上海市证券同业公会。会员主体包括在上海注册的证券公司及其在上海设立的分支机构、在异地注册的证券公司在上海设立的分支机构、在上海注册的证券投资咨询公司、在异地注册的证券投资咨询公司在上海设立的分支机构、境外证券公司驻上海代表处等。截至2020年末，共有会员单位980家。

会　　长：周　杰
秘书长：张　伟

10.1.3 上海市基金同业公会

上海市基金同业公会成立于2010年11月。会员主体包括住所地在上海的基金管理人

(经中国证监会核准的公开募集基金的基金管理人、经中国证监会授权协会登记的非公开募集基金的基金管理人)、住所地在上海的基金服务机构、住所地在异地的基金管理人在上海设立的分支机构等。截至2020年末,共有会员单位180家。

会　　长：刘建平

秘书长：章　明

10.1.4　上海市期货同业公会

上海市期货同业公会成立于2004年3月18日。会员主体包括在上海注册的各期货公司、期货分公司、期货营业部、期货投资咨询机构、期货风险管理公司,从事银行结算、期货中介及服务业务的机构和研究单位。截至2020年末,共有会员单位264家。

会　　长：陈煜涛

秘书长：金　文

10.2　自律组织工作回顾

10.2.1　上海上市公司协会工作回顾

2020年是极不平凡的一年,为适应监管新政和资本市场生态发生的变化,在上海证监局的指导下、在理事会的领导下,协会积极应对、主动作为:一方面,坚守服务和自律的宗旨不变;另一方面,因时而变,努力在定好位、抓主线、重创新、建队伍上下功夫,各项工作取得了一定的进步,顺利通过社会组织5A复评工作。

2020年,协会立足于自律、服务和助手作用三位一体的定位,主要围绕以下三条主线开展工作:

第一条主线是抗击疫情复工复产,主要做了四件事:

(1)持续跟踪掌握、交流、上报会员公司抗击疫情、复工复产相关信息。据不完全统计,上海上市公司参与数共计107家,累计捐款捐物超5.6亿元。

(2)及时反映上报会员公司政策建议和诉求,反映上报共计42项诉求和建议。

(3)联系有关服务商,为有需求的董办提供远程办公软件。

(4)组织开展在线培训。

第二条主线是学习贯彻新《证券法》,主要做了三件事:

(1)积极组织开展各类培训讲座线上线下共计26场,约2万人次观看直播。

(2)向全体会员单位发布《落实新〈证券法〉,加强投资者保护倡议书》。

(3)倡导会员公司结合实际,组织高管进行多种方式的学习研讨,并对照新《证券法》开展自查等。

第三条主线是提高上市公司质量,主要做了七件事:

(1)7月29日,在临港举办提高上市公司质量座谈会,上海证监局领导、临港新片区领导、协会领导和近20家上海上市公司协会副会长以上单位董事长、总经理等高管参加会议,共同探讨上海上市公司高质量发展相关议题。

(2)根据党中央、国务院及证监会关于提高上市公司质量的决策部署以及上海市《关于推动提高辖区上市公司质量的若干措施》,制定了协会贯彻落实的工作方案。

(3)理事会通过了《上海上市公司高质量发展行动倡议书》。

(4)完成《上市公司高质量发展评价体系》课题后,与申万博士后工作站再度合作,启动了"上市公司高质量发展上海模式"研究。研究提出,上海上市公司要建立"哑铃状"高质量发展模型:一头是新经济发展壮大;另一头是传统产业数字化转型;中间三个抓手即治理优化、科技驱动、金融赋能。

(5)协助上海证监局对辖区上市公司运行形势和定期报告进行分析。

(6)开展各类投保工作。一是加入上海投保联盟;二是积极参与各项投保宣传,包括"5·15全国投资者保护宣传日"活动、"股东来了"等;三是在"五个一"上市公司投资者保护宣传百日行动中,理事会向全体会员发出《落实新〈证券法〉,加强投资者保护倡议书》,并开展征文比赛;四是携手全景网举办"'沪'信共赢,做受尊敬的上市公司——2020上海辖区上市公司集体接待日活动",辖区128家上市公司的300余位上市公司高管参加;五是在上海证监局的指导下,与沪深交易所、全景网等合作开展"云调研"活动,共上线豫园股份、聚辰股份、心脉医疗、优刻得、爱婴室、华测导航、菲林格尔7家公司共计8场云调研视频,播放量超4万次。

(7)11月至12月,上海证监局主办、上海上市公司协会承办了两期上海辖区上市公司董事监事在线培训。上海证监局党委委员、副局长吴萌做动员讲话,中国证监会、上海证监局、沪深交易所专家分别授课,辖区上市公司1800余名董监高参加培训。

此外,协会努力突破常规化的活动机制,通过服务创新,为会员单位提供更优质的服务,增强协会凝聚力和连接能力。如以"多方共赢"的理念组织筹备百家上市公司高质量发展区县行,第一站拟定浦东;携手会员公司共建"同城都市生态圈",先后走进欧普照明、新世界、昂立教育等。

10.2.2 上海市证券同业公会工作回顾

1. 持续开展行业自律管理

(1)修订系列自律管理制度。2020年,根据上海证监局要求,公会陆续修订了《上海证券业经纪业务自律规范》等多部自律规则；同时，废止了不适用的部分自律规则。

（2）在切实做好会员经营数据非现场监控工作的同时，继续开展每年一次的自律检查工作。2020年4月起，公会分别通过自查、现场检查等方式，对分支机构的自律管理工作进行检查。

（3）认真做好社会信息公示工作。公会秘书处通过公会网站及时向社会公示地区行业相关信息。

2. 切实为社会、政府、会员提供服务

（1）密切关注市场热点和行业监管重点及会员要求，免费举办形式多样的培训、沙龙和交流等活动。2020年组织开展培训活动共计14次，会员单位从业人员、投资者等近7万人次参加培训。

（2）主动参与，配合监管部门推动行业文化建设等工作。公会秘书处设立行业文化建设工作小组，并建立以行业研究发展委员会和行业文化建设联络人为核心的工作机制。2020年7月，在上海证监局指导下，公会针对上海地区17家法人证券公司开展了专题书面调研；2020年10月，公会举办证券公司行业文化建设工作交流活动，邀请中国证券业协会相关负责人和上海地区证券公司行业文化建设工作负责人、联络人以及江苏、浙江地区证券业协会及部分证券公司相关负责人参加，并就中证协制定的《证券行业文化建设十要素》等规则听取意见和建议。

（3）积极探索，助力上海金融人才队伍建设。2020年，在上海市金融工委和上海证监局指导下，公会启动建立上海地区证券从业人员信息数据平台的计划，以全面准确地获取上海地区证券从业人员基本信息、人才规模与结构、岗位分布、人员流动趋势等数据。

（4）积极应对新冠疫情，做好服务工作。2020年初突发新冠疫情，在上海证监局的关心和支持下，公会将当时来之不易的2 000只口罩全数发放到提供现场临柜业务服务的近200家营业网点。随后，及时汇总会员单位投身疫情防控、奉献企业爱心情况，编制"携手同心，共抗疫情"系列通讯稿，分别推送上海证监局、上海市民政局、第一财经等机关、媒体，集中发布各单位捐资捐物、承销疫情防控债、支持复工复产等方面积极作为的信息，展现行业正能量。

（5）履行行业组织社会责任，回馈社会。2020年，公会秘书处继续协同部分会员单位开展重阳节慰问敬老院老人活动，为老人们送去祝福与关爱。此外，经上海市民政局推荐，参与了崇明区界东村老有所养公益关爱项目——农村重病关爱患者活动，定向捐赠10万元人民币帮扶农村重病老人。

3. 发挥桥梁纽带作用，搭建平台、开展合作

（1）与各地协会开展同业间交流。2020年，公会陆续接待北京、深圳、广东、西藏等地方证券业协会来沪交流。6月至7月，开展了相关行业调解组织走访活动。

(2)组织会员单位开展各种形式交流活动。在严格遵守新冠疫情常态化防控要求情况下,全年开展参访活动共计3场,参与人数近100人。

4. 持续推进证券行业纠纷多元化解机制建设

(1)切实做好日常纠纷化解工作。2020年公会新受理投诉535起,处理遗留投诉103起。已处理的本年新收投诉中,投资者索赔金额共计2 169.71万元,和解金额共计532.84万元。

2020年度,公会共办理普通调解19起,投资者诉求3 416万元。

(2)与律师协会开展战略合作,优化调解员队伍。2020年5月18日,证券、基金、期货3家同业公会与上海市律师协会建立战略合作关系,由律协推荐社会律师加入调解员队伍;同时,在纠纷处理、业务培训、案例研讨、研究成果分享等多方面开展合作。

5. 多种形式做好投资者教育保护工作

(1)联合媒体,拓宽投教宣传面。2020年3月5日,公会参与了由上海证监局与中证中小投资者服务中心共同举办的"投保有道:细说新《证券法》"活动及线上课程。

(2)开展新《证券法》系列宣教活动。2020年3月,新《证券法》正式实施,公会通过网站、微信、App等平台开展火热宣传。同时,于3月中旬举办了"上海证券业新《证券法》知识竞赛",活动受到来自证券公司、投资咨询公司、证券资管公司、外资代表处等98家会员单位积极响应,证券从业人员共有报名学习30 578人、答题竞赛23 833人。此外,公会还举办了4次新《证券法》相关主题讲座、2次秘书处内部培训和1次新《证券法》投资者调查问卷活动。

(3)积极探索将投教工作纳入国民教育体系实践。2020年,公会与上海立信会计金融学院签订举行产学研战略合作框架协议,探索推动在高校开展金融职业素养培养和投教工作。在上海证监局的指导下,公会与该学院联合开发编制证券实务案例相关教材,预计2021年上半年完成。

(4)动员各类主体参与投教基地建设工作。2020年,在上海证监局的指导下,公会作为上海投保联盟的首批成员,协助筹备了上海投保联盟的成立仪式并积极联系证券经营机构、投资咨询机构、媒体、高校等各类主体。

6. 不断完善公会自身建设

(1)增设两个专业委员会,聚集行业及行业人才研究,开拓行业发展新思路。根据行业形势发展,2020年公会增设了人力资源发展专业委员会以及行业研究发展专业委员会。年内上述两个委员会确定了2020年度工作重点并对相关行业热点问题开展专题探讨。

(2)严格履行章程,确保民主办会。公会严格依据民主办会制度,实施民主决策、民主选举和民主管理制度。2020年,公会共召开2次会员代表大会、3次理事会会议、1次监事会、1次会长会议、1次换届筹备领导小组会议等。

(3)有序推进换届筹备工作,确保公会工作不断不乱。按照章程规定,公会本届任期于2021年2月到期。2020年下半年以来,在理事会的领导下,公会按照上海市民政局有关规定成立了换届筹备领导小组和工作小组,起草了《上海市证券同业公会换届改选工作实施方案》,并经公会理事会第九次会议审议通过。换届过程中,公会始终与上海市民政局和上海证监局保持积极高效的联络沟通,使得换届工作有条不紊地推进。

10.2.3 上海市基金同业公会工作回顾

1. 紧跟党中央步伐,全面加强基金行业党建工作

公会始终把党建工作作为公会健康发展的根本保证,沿着党和政府要求的方向开展工作,深刻把握用习近平新时代中国特色社会主义思想武装全党这一要求的政治意蕴,深入贯彻新时代党的建设总要求,将思想建设真正落到实处、融入工作。报告期内,公会举办多场党建活动,进一步增强全体会员单位永远听党话、跟党走的信心和决心。

2. 围绕热点、精准施策,积极开展各类专业培训研讨

2020年,公会结合市场热点和行业需求,采用线上为主、线下为辅的模式,共开展了逾70场各类专业培训研讨会,内容涵盖政策解读、合规风控、信息技术、业务创新、行业文化等方面。超过5 000人次参加公会培训、研讨,受到行业广泛欢迎。同时,积极凝聚行业力量,反映行业诉求,开展5次行业调研,并就监管发布的5份征求意见稿进行反馈。

3. 开启国际合作新篇章,探索同业交流新模式

牵头编写的《海外资管机构赴上海投资指南》(中英文双版)正式发布,受到海外资管的高度评价,这是国内同类行业协会为服务海外资管机构推出指南性文件的首次尝试;参与编写《实践与创新——上海全球资产管理中心建设研究》,开启"后2020"国际金融中心建设新征程,对如何推进上海全球资产管理中心建设进行探讨。同时举办了"WFOE·银行理财公司高端闭门对接会""2019年全球另类投资基金调查报告分享会""香港金融市场大讲堂2020""卢森堡网络研讨会"等。

4. 构建行业宣传高地,打造行业品牌与形象

成功升评5A社会组织,获得上海市民政局颁发的"第十一届'中华慈善奖'上海市提名奖"、上海现代服务业联合会颁发的"2019年突出贡献奖"、香港交易所授予的"港股通投资者教育先进单位"称号。公会公众号全年发布推送327条,关注用户增长33%,阅读次数7.6万次;《公会简报》全年共发布11期。公会定期汇集行业数据,每月向监管部门报送上海地区基金公司国内及海外数据分析情况,撰写月度业绩观察,并对基金公司业绩进行跟踪。

5. 持续开展行业文化建设活动,铸就团结奋进、追求卓越的行业精神品质

2020"兴全基金杯"公会足球赛已经进入第五个年头,吸引了上海地区27家基金公司及上

海证监局、银保监局、市金融局、市国资委、中证指数和财经媒体等单位共 500 余名足球爱好者共计 29 支参赛队伍踊跃参赛。举办"上海基金业行业文化建设之夜"主题专场活动，组织会员单位观看全国首部抗疫音乐剧《那年那时那座城》，中国工程院院士、上海瑞金医院院长宁光，上海第六批援鄂医疗队领队、瑞金医院副院长胡伟国等医疗卫生系统代表受邀参加，与行业同仁分享自己的抗疫经历和感悟。

6. 坚持服务社会的使命和责任，切实保护投资者的合法权益

积极开展"投保有道：3·15 细说新《证券法》""5·15 全国投资者保护宣传日""2020 年防范非法证券期货宣传月""金融知识普及月，金融知识进万家，争做理性投资者，争做金融好网民"金融知识普及宣传等投保专项活动。2020 年 8 月 6 日，举办"2020 年上海辖区基金公司集体接待日"活动，来自上海辖区 57 家公募基金公司的近 200 位代表在线参加活动，与广大投资者就产品特点、投资方向、投研策略、公司战略等公开内容进行"一对多"形式的沟通和交流，集中解答问题。2020 年 12 月 29 日，"上海基金业—陆家嘴金融城投资者教育基地"在上海中心 22 楼陆家嘴金融城党群服务中心正式挂牌。此外，公会与"第一财经"携手打造的电视专栏《公司与行业》之"基金时间"相约星期三，是业内首次同高端媒体携手打造投资者教育栏目的尝试，受到了业内业外高度认可和广泛赞誉，成为上海基金业的投教新名片。

7. 积极践行社会公益事业，合行业之力应对疫情

疫情期间，公会第一时间向行业发出《致敬白衣天使项目倡议书》，得到会员单位的积极响应。设立"上海基金业致敬白衣天使专项基金"为抗击新型冠状肺炎一线医护人员提供支持和激励。

10.2.4　上海市期货同业公会工作回顾

在上海证监局和上海市民政局的指导下，在会员单位的支持下，公会积极响应党的十九届五中全会提出的"要加快构建以国内大循环为主体、国内国际双循环相互促进的新发展格局"，以助力抗击疫情和促进复工复产为重心，努力完成各项中心任务，在"十三五"规划收官之年交出了一份满意答卷。

1. 精益求精，依托制度建设产出广泛社会效益

一是获评最高等级 5A 级社会组织称号。经现场评审、机构初评、网上公示，公会于 2020 年 1 月 20 日正式获评"上海市 5A 级社会组织"。二是投身公益事业，关爱弱势群体。公会向"崇明区专项行动民生奖励项目"进行公益捐赠 4.5 万元，并先后与失独家庭及自闭症儿童开展联欢、慰问活动。三是通过在线会议、投票等方式召开理事会与会员大会，审议通过各项报告、议案，顺利完成社团登记变更等各项工作。

2. 化危为机，积极落实疫情防控与复工复产措施

一是积极响应，紧贴需求。春节假期，公会即通过官网、官微转发央行、证监会、中期协等通知和倡议书，及时发布"复工防疫建议书"，并提醒投资者警惕各类打着"疫情防控"的投资骗局，协助会员单位保持平稳运行。二是立足专业，建言献策。在春节假期行将结束之际，为保障市场交易安全稳定，公会向监管部门提出暂停夜盘交易等建议并得到了采纳。2020年3月，银保监会起草《关于保险资金参与国债期货交易有关事项的通知（征求意见稿）》，公会组织会员单位中的头部期货经营机构汇总意见并最终得到银保监会的采纳。三是强化沟通，服务会员。公会主动征集会员单位诉求，及时向监管部门提出多项建议并得到采纳，取得了市场的认同。四是树立典型，强化宣传。公会在官网、公众号上发布会员单位多方筹措、维护市场运营的优秀案例并在《期货日报》做了上海期货防疫与助力复工复产专题报道，中国期货业协会对相关先进事例进行了宣传与转发。五是分享经验，助力复工。在市委统战部、市民政局、市工商联组织的四方合作机制会议上，公会落实疫情防控与复工复产的各项经验举措被列为专题会议资料，同与会人员进行了书面交流。

3. 与时俱进，充分运用线上形式开展各类投教活动

一是成功举办第十一届期货机构投资者年会。采取"线上线下融合"的形式，通过各大平台进行年会直播，全天累计吸引近13.5万人次观看。二是组织开展各类投资者教育与保护活动。包括"3·15投资者保护专项宣传活动""4·15全民国家安全教育日活动""5·15全国投资者保护宣传日活动""防范非法证券期货宣传月活动"等，并邀请上海证监局专家、同济大学教授开展专题讲座。三是践行以人民为中心理念，做好纠纷处理工作。作为时任调委会主任单位，在上海证监局的支持下充分履职，平稳过渡，顺利完成调委会换届。全年共收到投诉、调解纠纷45起，其中受理纠纷调解4起，受理的调解全部达成和解并签署了调解协议；投诉纠纷41起，其中达成和解8起、未和解32起、解释说明1起。四是组织法律宣传活动。五是参与上海投保联盟建设。

4. 守牢底线，围绕诚信自律建设合规文化

一是履行社会责任，助力期货扶贫。公会连续第12年组织会员单位开展社会责任报告编制工作，并在《期货日报》发布。二是发挥首席风险官联席机制效应，加强合规文化建设。举办两次首席风险官联席会议，就业内热点进行讲授与经验分享，通报上海地区各期货公司监管工作情况。三是协助开展对上海地区期货经营机构现场检查。

5. 强调赋能，依托文化建设提升行业信息技术水平

一是组织参与国家网络安全周活动。经上海证监局推荐，公会原创的短视频入围市委网信办优秀作品评选，名列全市网络得票数第十。公会针对期货行业网络安全管理人员与全体员工开展主题培训，组成上海期货行业联队，获得"观安杯ISG网络安全技能竞赛大赛三等

奖",并在网络安全周期间加强宣传。二是举办上海期货公司信息技术负责人联席会第三十三次会议。上海证监局派员参加并做专题发言,受邀的长三角地区期货公司技术负责人在主旨演讲和分组讨论环节进行了充分交流。三是组织行业信息技术交流活动。包括开展网络安全知识竞赛,响应会员需求组织智能外呼、低延时线路、金融行业网络安全等专题研讨。四是办公应用系统迈入新台阶。公会综合信息管理系统二期建设完成,公众号全年订阅人数增加了300多人次。法人公司月度经营数据报送率达100%,顺利通过综合信息管理系统的等级保护测评。

6. 以赛促进,举办行业竞赛活动

一是开展立功竞赛及专项立功竞赛活动。积极组织会员单位参与金融职工立功竞赛活动,最终公会会员单位获得7个建功奖章(个人)、12个建功奖状(集体)、11个五星级"优质服务网点"、6个五星级"优质服务明星"和8个优秀组织奖。开展2020年度期货行业专项立功竞赛活动,最终30名个人、16支团队获奖。二是举办2020上海地区期货行业趣味运动会,来自20余家单位的350余名选手参与角逐。三是联合大商所在上海组织开展"第二届大商所'期乐杯'知识竞赛——棕榈油国际化路演竞赛"。

7. 携手共进,持续开展对外交流,做好会员服务

一是走进交易所。2020年9月,公会组织10多家会员单位主要负责人先后走进大商所、郑商所,就市场热点及深化合作等内容进行深入交流。10月,公会领导班子分别拜访上期所和中金所,分别就公会工作情况、会员服务以及下一步合作进行交流。二是深化合作,举办各类培训交流活动,包括与交易所联合举办培训调研,围绕企业文化,组织培训交流活动,结合国民教育,培养后备人才。2020年,公会延续与同济大学的合作,开展期货行业知识讲座及2019年高校合作项目的夏令营活动。三是做好各类推优评选及会员服务工作,收集会员需求开展人才招聘,配合上海市民政局完成行业招聘调研、复工复产需求、扶贫优秀项目——"保险+期货推荐"等工作,与各区金融局、兄弟协会、市金融工会等开展交流,完成了内部刊物《上海期货》的组稿及各类年鉴编写。四是开展行业党建活动,组织线上专题授课、讲座。

10.3 自律组织活动合辑

10.3.1 上海上市公司协会活动合辑

(1)2020年7月29日,上海辖区提高上市公司质量座谈会在临港新片区顺利举行。上海

市政府副秘书长、临港新片区管委会党组书记、常务副主任朱芝松，上海证监局党委书记、局长程合红，上海上市公司协会会长、上港集团董事长顾金山，上海证监局副局长吴萌，临港新片区专职副主任武伟等领导出席会议，近20家上海上市公司协会副会长以上单位董事长、总经理等高管参加会议，共同探讨上海上市公司高质量发展相关议题。

（2）2020年1月17日，"走进上市公司——新世界 新未来 传统零售转型升级论坛"于新世界城成功举办。本次活动由上海新世界股份有限公司、深圳市全景网络有限公司联合主办，上海新世界（集团）有限公司、新财富协办，上海市黄浦区人民政府为指导单位，上海上市公司协会为支持单位。

（3）为帮助上海上市公司全面深入理解《2019年上市公司年报会计监管报告》内容，准确掌握会计准则执行、财务信息披露等方面的监管要求，10月20日，协会举办"上市公司年报会计监管报告解读"讲座，特邀中国证监会会计部制度处处长夏文贤前来授课，近200位会员公司财务总监及相关财务人员到场学习。

（4）为深入学习贯彻《国务院关于进一步提高上市公司质量的意见》，推动上海上市公司高质量发展，2020年11月30日至2021年1月8日期间，上海证监局联合上海上市公司协会举办了上海上市公司董事监事线上培训班，上海证监局党委委员、副局长吴萌做动员讲话，上海217家上市公司、1 823位高管报名参加。

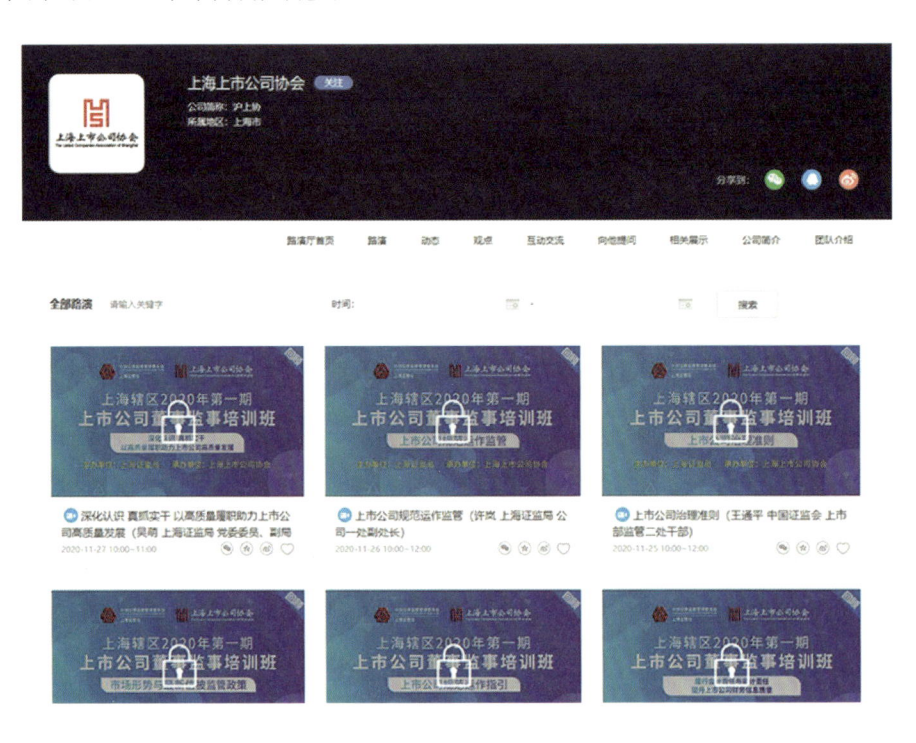

10.3.2 上海市证券同业公会活动合辑

(1)积极推动行业文化建设工作。2020年10月,上海市证券同业公会举办证券公司行业文化建设交流座谈会,邀请中国证券业协会相关负责人和上海地区证券公司行业文化建设工作负责人、联络人以及江苏、浙江地区证券业协会及部分证券公司相关负责人参加,并就中证协制定的《证券行业文化建设十要素》等规则听取意见和建议。

(2)紧扣市场热点和会员需求开展各类线上培训。2020年,上海市证券同业公会共举办了4次新《证券法》相关主题讲座以及2次秘书处内部培训。同时,参与由上海证监局与中证中小投资者服务中心共同举办的"投保有道:细说新《证券法》"活动及线上课程;举办"上海证券业新《证券法》线上知识竞赛"活动,30 578名证券从业人员报名学习、23 833人参与答题竞赛;组织开展新《证券法》投资者调查问卷活动。

(3)积极探索将投教工作纳入国民教育体系实践,2020年上海市证券同业公会与上海立信会计金融学院签订产学研战略合作框架协议,探索推动在高校开展金融职业素养培养和投教工作。

(4)为开展行业及行业人才研究,开拓行业发展新思路,2020年上海市证券同业公会增设了人力资源发展专业委员会以及行业研究发展专业委员会。年内上述两个委员会分别先后召开两次会议,确定了2020年度工作重点并对相关行业热点问题开展专题探讨。

10.3.3　上海市基金同业公会活动合辑

(1)2020年2月19日,在上海市卫健委、上海证监局指导下,由上海市基金同业公会发起倡议、34家上海地区基金行业机构共同出资,旨在支持和激励包括但不限于奋战在抗击新冠肺炎疫情一线的医务工作者的"上海基金业致敬白衣天使专项基金"宣告成立。捐赠仪式举行期间，专项基金代表先后走访慰问了瑞金医院、华山医院、中山医院、东方医院、上海市公共卫生临床中心、儿科医院、上海中医药大学；还通过云端向武汉市第三医院送去了上海基金行业的敬意与关爱。

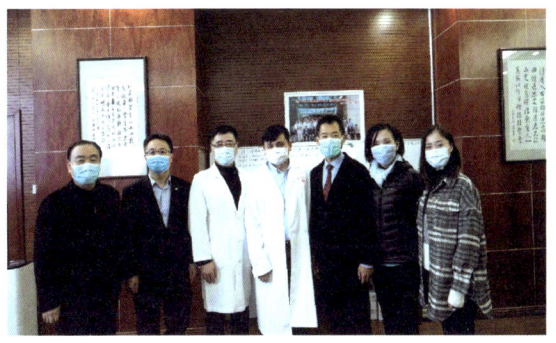

（2）2020年3月31日，《海外资管机构赴上海投资指南》（中英文双版）在沪正式发布。该指南得到上海市金融工作局和上海证监局的指导，由中国证券投资基金业协会和上海市基金同业公会共同编写，既是面向海外资管机构推出指南性文件的首次尝试，也是上海加快推进更高水平金融开放、吸引外资参与中国金融市场、冲刺2020年基本建成国际金融中心目标过程中，推出的有力服务举措，又是中国基金行业"对外开放"主题系列指南的首篇。

（3）2020年7月7日，上海市基金同业公会开展上海基金公司董事长行业文化建设交流会，实地参观上海市历史博物馆（上海革命历史博物馆），并举办"行业文化建设"主题座谈会，重温党史，不忘初心，从"四史"学习中汲取精神力量和经验智慧，扎实推进上海基金行业文化建设。20余位上海基金公司董事长参加了本次活动。

（4）2020年8月6日，由上海证监局、上海证券交易所、深圳证券交易所、中证中小投资者服务中心指导，上海市基金同业公会联合深圳全景网络有限公司举办的2020年上海辖区基金公司集体接待日活动拉开帷幕，主题为"心系投资者 做受信赖的基金公司"。圆桌论坛环节围绕"后疫情时代的资产配置"话题展开。上海57家公募基金公司的近200位代表参加了本次集体接待日活动，与广大投资者通过网络进行"一对多"形式的沟通和交流。

10.3.4 上海市期货同业公会活动合辑

(1)2020年,根据民政部《社会组织评估管理办法》(民政部令第39号)有关规定,经评估机构初评、上海市社会组织评估委员会审议和"上海民政""上海社会组织公共服务平台"网上公示,公会于2020年1月20日正式获评"上海市5A级社会组织"。

(2)首次采用线上线下融合形式,成功举办第十一届期货机构投资者年会,全天累计吸引近13.5万人次观看。作为国内为数不多的由地方协会主办的大型期货行业年会,为行业和机构投资者合作交流搭建良好平台,彰显期货市场服务于投资者、服务于实体经济的初心与使命。

（3）继续组织开展首席风险官联席会、信息技术负责人联席会，打造传递监管信息的平台，形成交流行业热点、探讨行业前沿问题、集中学习交流的联席会议机制。

（4）2020年9月至10月，公会组织10多家会员单位主要负责人先后走进上期所、郑商所、大商所、中金所，就市场热点及加强合作等内容进行深入交流。

第十一章

相关地方政策法规选编

关于进一步加快推进上海国际金融中心建设和金融支持长三角一体化发展的意见

银发〔2020〕46号

为深入贯彻落实党中央、国务院决策部署,进一步推进上海国际金融中心建设,加大金融支持上海自贸试验区临港新片区(以下简称临港新片区)建设和长三角一体化发展力度,深化金融供给侧结构性改革,推动金融更高水平开放创新,经国务院同意,现提出以下意见。

一、总体要求

(一)服务实体经济高质量发展

立足于临港新片区功能定位和产业体系,试点更加开放、便利的金融政策,稳步推进人民币国际化,推行绿色金融政策。加快上海国际金融中心建设,推进金融业对外开放,优化金融资源配置,提升金融服务质量和效能。发挥上海国际金融中心的引领辐射作用,完善金融服务长三角一体化发展体制机制,加大金融支持区域协调发展、创新驱动发展等国家重大战略的力度。

(二)深化金融体制机制改革

以制度创新为重点,增强金融创新活力,探索更加灵活的金融政策体系、监管模式和管理体制。健全金融法治环境,全面实行准入前国民待遇加负面清单管理制度,对内外资金融机构适用同等监管要求,对接国际高标准规则,推动金融业高水平开放。

(三)防范系统性金融风险

在依法合规、风险可控、商业自愿前提下,稳妥有序推进各项金融开放创新措施,部分措施可在临港新片区先行试点。建立健全金融监管协调机制,完善金融风险防控体系,加强金融科技在监管领域的应用,牢牢守住不发生系统性金融风险的底线。

二、积极推进临港新片区金融先行先试

(一)支持临港新片区发展具有国际竞争力的重点产业

1. 试点符合条件的商业银行理财子公司,按照商业自愿原则在上海设立专业子公司,投资临港新片区和长三角的重点建设项目股权和未上市企业股权。鼓励保险机构依法合规投资科创类投资基金或直接投资于临港新片区内科创企业。

2. 支持符合条件的商业银行按照商业自愿原则在上海设立金融资产投资公司,试点符合条件的金融资产投资公司在上海设立专业投资子公司,参与开展与临港新片区建设以及长三角经济结构调整、产业优化升级和协调发展相关的企业重组、股权投资、直接投资等业务。

3. 鼓励金融机构按照市场化原则为临港新片区内高新技术产业、航运业等重点领域发展提供长期信贷资金,支持区内重大科技创新及研发项目。鼓励金融机构在"展业三原则"基础上,为区内企业开展新型国际贸易提供高效便利的金融服务,支持新型国际贸易发展。

4. 支持金融机构和大型科技企业在区内依法设立金融科技公司,积极稳妥探索人工智能、大数据、云计算、区块链等新技术在金融领域的应用,重视金融科技人才培养。

(二)促进投资贸易自由化便利化

5. 对于符合条件的临港新片区优质企业,区内银行可在"展业三原则"基础上,凭企业收付款指令直接办理跨境贸易人民币结算业务,直接办理外商直接投资、跨境融资和境外上市等业务下的跨境人民币收入在境内支付使用。

6. 在临港新片区内探索取消外商直接投资人民币资本金专用账户,探索开展本外币合一跨境资金池试点。支持符合条件的跨国企业集团在境内外成员之间集中开展本外币资金余缺调剂和归集业务,资金按实需兑换,对跨境资金流动实行双向宏观审慎管理。探索外汇管理转型升级。

7. 在临港新片区内试点开展境内贸易融资资产跨境转让业务。研究推动依托上海票据交易所及相关数字科技研发支持机构建立平台,办理贸易融资资产跨境转让业务,促进人民币跨境贸易融资业务发展。

三、在更高水平上加快上海金融业对外开放

(一)扩大金融业高水平开放

8. 在依法合规、商业自愿的前提下,支持符合条件的商业银行在上海设立理财子公司,试点外资机构与大型银行在上海合资设立理财公司,支持商业银行和银行理财子公司选择符合条件的、注册地在上海的资产管理机构作为理财投资合作机构。

9. 支持外资机构设立或控股证券经营机构、基金管理公司在上海落地。推进人身险外资股比限制从51%提高至100%在上海率先落地。

10. 对境外金融机构在上海投资设立、参股养老金管理公司的申请,成熟一家、批准一家。鼓励保险资产管理公司在上海设立专业资产管理子公司。试点保险资产管理公司参股境外资产管理机构等在上海设立的理财公司。探索保险资金依托上海相关交易所试点投资黄金、石油等大宗商品。

11. 支持符合条件的非金融企业集团在上海设立金融控股公司。鼓励跨国公司在上海设立全球或区域资金管理中心等总部型机构。跨国公司在上海设立的资金管理中心,经批准可进入银行间外汇市场交易。允许在上海自贸试验区注册的融资租赁母公司和子公司共享外债

额度。

(二)促进人民币金融资产配置和风险管理中心建设

12. 继续扩大债券市场对外开放,进一步便利境外投资者备案入市,丰富境外投资者类型和数量。逐步推动境内结算代理行向托管行转型,为境外投资者进入银行间债券市场提供多元化服务。

13. 发展人民币利率、外汇衍生产品市场,研究推出人民币利率期权,进一步丰富外汇期权等产品类型。

14. 优化境外机构金融投资项下汇率风险管理,便利境外机构因投资境内债券市场产生的头寸进入银行间外汇市场平盘。

15. 研究提升上海国际金融中心与国际金融市场法律制度对接效率,允许境外机构自主选择签署中国银行间市场交易商协会(NAFMII)、中国证券期货市场(SAC)或国际掉期与衍生工具协会(ISDA)衍生品主协议。

(三)建设与国际接轨的优质金融营商环境

16. 支持上海加快推进金融法治建设,加快建成与国际接轨的金融规则体系,加大对违法金融活动的惩罚力度,鼓励开展金融科技创新试点。

17. 切实推动"放管服"改革,全面清理上海市不利于民营企业发展的各类文件,定向拆除市场准入"隐形门"。多措并举,孵育公平竞争的市场环境。

18. 研究推动上海金融法院和上海破产法庭顺应金融市场发展趋势,参照国际高标准实践,加强能力建设,提高案件专业化审理水平,增强案件审判的国际公信力和影响力。

四、金融支持长三角一体化发展

(一)推动金融机构跨区域协作

19. 提升长三角跨省(市)移动支付服务水平,推动长三角公共服务领域支付依法合规实现互联互通。

20. 积极推动长三角法人银行全部接入合法资质清算机构的个人银行账户开户专用验证通道,对绑定账户信息提供互相验证服务。

21. 强化长三角银行业金融机构在项目规划、项目评审评级、授信额度核定、还款安排、信贷管理及风险化解等方面的合作协调,探索建立长三角跨省(市)联合授信机制,推动信贷资源流动。支持商业银行为长三角企业提供并购贷款。在现行政策框架下,支持金融机构运用再贷款、再贴现资金,扩大对长三角"三农"、从事污染防治的企业、科创类企业、高端制造业企业、小微企业和民营企业等信贷投放。

(二)提升金融配套服务水平

22. 推动G60科创走廊相关机构在银行间债券市场、交易所债券市场发行创业投资基金类债券、双创债务融资工具、双创金融债券和创新创业公司债。

23. 积极支持符合条件的科创企业上市融资,鼓励各类知识产权服务与评估机构积极开发构建专利价值评估模型或工具,促进知识产权交易和流转。研究支持为外国投资者直接参与科创板发行和交易提供便利汇兑服务。

24. 探索建立一体化、市场化的长三角征信体系,向社会提供专业化征信服务。依托全国信用信息共享平台,进一步完善跨区域信用信息共享机制,加大信息归集共享和开发利用力度,服务小微企业信用融资。支持人民银行征信中心实现长三角企业和个人借贷信息全覆盖。开展长三角征信机构监管合作,试点建设长三角征信机构非现场监管平台。

25. 推动长三角绿色金融服务平台一体化建设。在长三角推广应用绿色金融信息管理系统,推动区域环境权益交易市场互联互通,加快建立长三角绿色项目库。

(三)建立健全长三角金融政策协调和信息共享机制

26. 建立适用于长三角统一的金融稳定评估系统,编制金融稳定指数,建立金融稳定信息共享合作机制,搭建金融风险信息共享平台,建立反洗钱信息交流机制,强化数据保护与管理,加强金融消费纠纷非诉解决机制(ADR)合作。

27. 推动长三角金融统计信息共享,研究集中统筹的监测分析框架,提升经济金融分析的前瞻性。

28. 促进长三角普惠金融经验交流,构建普惠金融指标体系,联合撰写普惠金融指标分析报告。

五、保障措施

29. 支持人民银行上海总部组织开展加强支付结算监管能力的试点,推动人民银行征信系统同城双活灾备中心在上海建设落地。研究推动在上海设立中国金融市场交易报告库,集中整合各金融市场的交易信息,提升监测水平,与雄安新区相关建设进行有效衔接。

30. 目前已出台及今后出台的在自贸试验区适用的金融政策,国家金融管理部门出台的各项金融支持贸易和投资自由化便利化的政策措施,适用于上海实际的,可优先考虑在上海试点。人民银行上海总部会同上海银保监局等单位根据本意见制定实施细则,并报上级部门备案。

中国人民银行
中国银行保险监督管理委员会
中国证券监督管理委员会
国家外汇管理局
上海市人民政府
2020 年 2 月 14 日

关于在长三角生态绿色一体化发展示范区深化落实金融支持政策推进先行先试的若干举措

示范区执委会发〔2020〕3号

人民银行苏州市中心支行、人民银行嘉兴市中心支行、银保监苏州分局、银保监嘉兴分局、苏州市地方金融监督管理局、嘉兴市金融办、一体化示范区各金融机构：

为深入贯彻落实《中国人民银行、银保监会、证监会、外汇局、上海市政府关于进一步加快推进上海国际金融中心建设和金融支持长三角一体化发展的意见》（银发〔2020〕46号），加快长三角生态绿色一体化发展示范区建设，推进在跨区合作、配套服务、信息共享等领域先行先试，特提出以下举措：

一、推进同城化金融服务

1. 推进一体化示范区同城化结算服务。鼓励一体化示范区范围内的金融机构，打破区域界限，创新提供同城化的对公、对私金融结算服务，取消跨域收费。

2. 优化企业开户服务，探索推进有人值守的分布式智能终端开户、同行跨区代办及异地鉴证服务。

3. 鼓励一体化示范区法人银行在共同接入合法资质清算机构个人银行账户验证通道的前提下，推进绑定账户的互相验证服务，为跨行、跨区域、跨链接远程个人开户提供便利服务。

二、试点跨区域联合授信

4. 探索推进联合授信机制，积极支持在一体化示范区先行试点跨区域联合授信，强化长三角生态绿色一体化发展示范区银行业金融机构在项目规划、项目评审评级、授信额度核定、还款安排和信贷管理及风险化解等方面的合作协调。根据企业融资的实际需求组织核定总授信额度，各金融机构结合自身信贷资源在联合授信机制下自主进行信贷投放，实现信贷资源跨区域配置。

5. 鼓励一体化示范区金融机构与不动产登记部门共同探索推进一体化示范区范围内企业融资抵押品异地互认，进一步扩大异地抵押物范畴，简化异地抵押手续。试点开展异地抵押物线上办理抵押登记。

三、提升移动支付水平

6. 提升一体化示范区跨域移动支付服务水平，支持各金融市场主体创新移动支付产品，推动一体化示范区公共交通、医疗、养老等公共服务领域创新产品形式，依法合规实现互联互通。

四、支持设立一体化金融机构

7. 支持符合条件的金融机构试点设立一体化示范区管理总部或分支机构，统筹管理一体化示范区整体业务发展，通过双边记账、提升管理效率等方式激发活力，推进跨区域业务的同城化开展以及面上业务的统筹、试点，打破地域分割，进一步降低资金流动成本，营造跨域服务的良好金融环境。支持符合监管政策的地方法人银行在一体化示范区设立资金营运中心。

五、推进跨区域公共信用信息共享

8. 加快建设一体化示范区公共信用信息共享平台,进一步完善跨区域信用信息共享机制,加大信息归集共享和开发利用力度,积极推进"信易贷",服务小微企业信用融资。

六、推进一体化绿色金融服务平台建设

9. 建立一体化示范区绿色金融支持政策超市。整合绿色金融的相关配套政策、绿色金融认定标准、财政贴息补助信息,依托长三角绿色金融服务平台推进企业在线受理,提高绿色金融对接效率。支持金融机构设立绿色金融事业部或绿色支行,鼓励发展绿色信贷,探索特许经营权、项目收益权和排污权等环境权益抵质押融资。加快发展绿色保险,创新生态环境责任类保险产品。鼓励绿色企业通过发债、上市等融资,支持发行中小企业绿色集合债。加大绿色金融对一体化示范区绿色建筑与基础设施建设的支持力度。鼓励支持创业投资基金、私募股权投资基金投资一体化示范区绿色企业。

10. 加快建立一体化示范区绿色发展项目库,积极对接并引导国内外各类绿色发展基金,支持一体化示范区绿色项目建设;鼓励社会资本设立各类绿色发展产业基金,支持绿色产业发展。

11. 鼓励金融机构运用再贷款、再贴现资金,扩大对一体化示范区绿色农业、污染防治、科技创新等领域企业的信贷投放。鼓励各金融机构结合一体化示范区重大项目特点制定专属金融产品。

七、推进一体化科技金融服务

12. 稳步推进一体化示范区科技成果转化中心建设,鼓励各类知识产权服务与评估机构,积极开发构建专利价值评估模型或工具,推广知识产权质押融资和交易。

13. 支持一体化示范区科创类企业科创板上市融资。鼓励一体化示范区相关机构在银行间债券市场、交易所债券市场发行创业投资基金类债券、双创债务融资工具、双创金融债券和创新创业公司债。

14. 鼓励符合条件的商业银行理财公司、金融资产投资公司在国家政策允许的范围内依法依规设立专业子公司,投资一体化示范区重点建设项目、未上市企业股权,以及开展产业转型升级相关的企业重组、股权投资、直接投资等业务。

八、建立金融信息共享合作机制

15. 建立金融稳定信息共享共用机制,搭建一体化示范区金融风险信息共享交换、预警协作以及案件办理合作平台,深化反洗钱、反假币、打击非法金融等信息交流合作机制,推进相关人员和企业的信用联合惩戒,共同防范化解区域金融风险。

16. 推动一体化示范区金融统计信息共享,加强一体化示范区经济金融监测分析协作。

深入贯彻落实央行等五部门关于金融支持长三角一体化发展的意见,率先推进一体化示范区政策意见落地和先行先试,是落实国家长三角一体化战略的重要内容和有效手段。一体化示范区各有关地区、各相关部门、各金融机构要主动作为,积极践行并予以落实,确保改革红利予以落地。一体化示范区执委会要做好面上典型案例的收集和宣传推广,并加强工作指导和辅导。各有关部门要结合职责分工加强政策辅导和工作指导,确保先行先试政策落地。

长三角生态绿色一体化发展示范区执委会

中国人民银行上海总部

中国人民银行南京分行

中国人民银行杭州中心支行

中国银行保险监督管理委员会上海监管局

中国银行保险监督管理委员会江苏监管局

中国银行保险监督管理委员会浙江监管局

中国证券监督管理委员会上海监管局

中国证券监督管理委员会江苏监管局

中国证券监督管理委员会浙江监管局

上海市地方金融监督管理局

江苏省地方金融监督管理局

浙江省地方金融监督管理局

2020年3月27日

关于印发《全面推进中国(上海)自由贸易试验区临港新片区金融开放与创新发展的若干措施》的通知

沪自贸临管委〔2020〕300号

管委会各部门、临港新片区各开发公司、各有关金融机构、各有关单位:

为贯彻落实《关于进一步加快推进上海国际金融中心建设和金融支持长三角一体化发展的意见》(银发〔2020〕46号)文件精神,全面推进临港新片区金融开放与创新发展,特制定《全面推进中国(上海)自由贸易试验区临港新片区金融开放与创新发展的若干措施》,请遵照执行。

中国(上海)自由贸易试验区临港新片区管理委员会

中国人民银行上海总部

中国银行保险监督管理委员会上海监管局

中国证券监督管理委员会上海监管局

上海市金融工作局

2020年5月8日

全面推进中国(上海)自由贸易试验区临港新片区金融开放与创新发展的若干措施

设立中国(上海)自由贸易试验区临港新片区(以下简称临港新片区),是以习近平同志为核心的党中央总揽全局、科学决策作出的进一步扩大开放重大战略部署,是新时代彰显我国坚持全方位开放鲜明态度、主动引领经济全球化健康发展的重要举措。为深入贯彻落实习近平总书记关于临港新片区"要进行更深层次、更宽领域、更大力度的全方位高水平开放,努力成为集聚海内外人才开展国际创新协同的重要基地、统筹发展在岸业务和离岸业务的重要枢纽、企业走出去发展壮大的重要跳板、更好利用两个市场两种资源的重要通道、参与国际经济治理的重要试验田"的"五个重要"指示精神,依据《中国(上海)自由贸易试验区临港新片区总体方案》(国发〔2019〕15号)、《关于进一步加快推进上海国际金融中心建设和金融支持长三角一体化发展的意见》(银发〔2020〕46号)等文件要求,从更深层次、在更宽领域、以更大力度推进临港新片区金融开放与创新发展,努力提升对全球资源的配置能力,加快打造更具国际市场影响力和竞争力的特殊经济功能区,特制定如下措施。

一、总体要求

(一)服务国家大局

主动服务上海国际金融中心建设、长三角一体化高质量发展等国家重大战略,更好服务我国对外开放总体战略布局,选择国家战略需要、国际市场需求大、对开放度要求高但其他地区尚不具备实施条件的重点领域,实施具有较强国际市场竞争力的金融开放政策和制度,积极承接国家各项金融改革开放任务。

(二)对标国际一流

对标国际上公认的竞争力最强的自由贸易园区,对标国际最高标准投资贸易规则,对标国际一流营商环境,对中外资金融机构适用同等监管要求和标准,加强与国际通行规则相衔接,率先推动金融业高水平开放,建设高质量金融机构集聚地、高水平对外投资策源地和高层次金融人才汇集地。

(三)聚焦先行先试

全面落实银发〔2020〕46号文关于"积极推进临港新片区金融先行先试"精神,立足于临港新片区功能定位和产业体系,聚焦新型金融业态创新发展、跨境资金流动自由化便利化、金融服务实体经济高质量发展,先行试点更有力度的开放突破举措和更大程度的风险压力测试。

二、全面落实全方位、深层次、高水平的金融业对外开放

根据国发〔2019〕15号等文件,临港新片区将先行先试金融业对外开放措施,积极落实放

宽金融机构外资持股比例、拓宽外资金融机构业务经营范围等措施,支持符合条件的境外投资者依法设立各类金融机构,保障中外资金融机构依法平等经营。

(四)积极吸引外资设立各类机构

1. 支持外资机构与中资银行或保险公司的子公司在临港新片区合资设立由外方控股的理财公司,支持境外金融机构参与设立、投资入股商业银行理财子公司。

2. 支持外资在临港新片区设立由外资控股或全资持有的证券公司、基金管理公司和期货公司。

3. 支持在临港新片区设立由外资控股或全资持有的人身险公司。支持境外金融机构在临港新片区投资设立、参股养老金管理公司。

4. 支持跨国公司在临港新片区设立全球或区域资金管理中心等总部型机构,经批准可参与银行间外汇市场交易,使临港新片区成为亚太地区跨境资金流动和调配中心。

5. 支持境外投资机构在临港新片区内发起设立私募基金,深化外商投资股权投资企业(QFLP)试点和合格境内有限合伙人(QDLP)试点。

(五)加强与国际接轨的制度建设

6. 健全金融法治环境,推动临港新片区国际商事审判组织建设,加快国际仲裁机构的业务机构集聚,打造调解、仲裁与诉讼相互衔接的多元化纠纷解决机制。支持资本市场法律服务中心等专业机构的发展。

7. 实施具有国际竞争力的跨境金融税收政策,扩大临港新片区服务出口增值税政策适用范围,研究适应境外投资和离岸业务发展的临港新片区税收政策。探索试点自由贸易账户的境外投资收益递延纳税等税收政策安排。

8. 实施国际互联网数据跨境安全有序流动,探索金融交易数据跨境流动,畅通金融机构获取境外经济金融信息的渠道。

(六)大力引进海外优秀金融人才

9. 对在临港新片区工作的境外高端、紧缺人才,给予个人所得税税负差额补贴。

10. 对符合条件的境外高端人才,在外国人来华工作许可、外国人才签证加分、外籍高层次人才永居申请等方面给予支持。

11. 支持符合条件的具有境外职业资格的金融人才经备案后,在临港新片区内提供服务,其在境外的从业经历可视同国内从业经历。

三、进一步强化开放型经济制度创新和风险压力测试

根据国发〔2019〕15号、银发〔2020〕46号等文件,在适用已出台及今后出台的全国自贸试验区各项金融政策及国家金融管理部门出台的各项贸易投资自由化便利化措施的基础上,以资金跨境自由流动和资本项目可兑换为重点,承担更大的风险压力测试,充分发挥制度创新试验田作用。

(七)实施资金便利收付的跨境金融管理制度

12. 探索建立本外币一体化账户体系,实施更加便利的跨境资金管理制度。

13. 拓展自由贸易账户功能,推进临港新片区内资本自由流入流出和自由兑换。

14. 探索取消外商直接投资人民币资本金专用账户,探索开展本外币合一跨境资金池试点。支持符合条件的跨国企业集团在境内外成员之间集中开展本外币资金余缺调剂和归集业务,资金按实需兑换。

15. 探索外汇管理转型升级,推动低成本、高效率、有标准的经常项目可兑换,率先实现非金融部门资本项目可兑换,建设跨境投融资便利设施和跨境资金流动监测分析中心,形成国际收支及汇兑全新管理体系。

(八)实施高水平贸易投资自由化便利化措施

16. 支持和推荐更多临港新片区企业纳入优质企业名单,享受跨境人民币结算便利化等政策先行先试。

17. 支持临港新片区内企业参照国际通行规则依法合规开展跨境金融活动,支持金融机构在依法合规、风险可控、商业可持续的前提下为临港新片区内企业和非居民提供跨境发债、跨境投资并购和跨境资金集中运营等跨境金融服务。

18. 支持金融机构按照国际惯例为临港新片区内企业开展离岸转手买卖、跨境电商等新型国际贸易提供高效便利的跨境金融服务,完善新型国际贸易与国际市场投融资服务的系统性制度支撑体系,打造供应链金融管理中心。

19. 临港新片区内企业从境外募集的资金、符合条件的金融机构从境外募集的资金及其提供跨境服务取得的收入,可自主用于临港新片区内及境外的经营投资活动。

(九)提升跨境金融供给能力

20. 支持临港新片区开展境内贸易融资资产跨境转让业务。支持上海票据交易所及相关数字科技研发支持机构建立平台,办理贸易融资资产跨境转让业务,促进人民币跨境贸易融资业务发展。

21. 支持符合条件的临港新片区内金融机构开展跨境证券投资、跨境保险资产管理等业务。

22. 探索设立国际金融资产交易平台,适应境内外投资者需求。

四、加快培育具有较强国际国内金融资源配置能力的金融及相关机构体系

实施创新发展战略,推动优质资源集聚和高端金融产业发展,打造总部型或功能性机构、资产管理机构、金融科技的聚集地,加快构建区域特色金融体系,增强上海国际金融中心功能。

(十)支持设立各类总部型或功能性机构

23. 支持银行、证券、保险等各类金融机构为临港新片区进行高端专业金融赋能,打造总部级别的专业化、功能性平台,包括但不限于跨境业务中心、跨境资管中心、跨境托管中心、跨境银团中心、跨境票据中心、金融创新实验室、金融市场业务中心,进一步提升临港新片区金融

服务的能级。

24. 支持符合条件的非金融企业集团在临港新片区设立金融控股公司,加强对各金融业务板块的股权管理和风险管控,并参照金融机构享受相关扶持政策。

(十一)集聚发展各类资产管理机构

25. 支持符合条件的商业银行理财子公司在临港新片区设立专业子公司。支持符合条件的商业银行在临港新片区设立金融资产投资公司,支持符合条件的金融资产投资公司在临港新片区设立专业投资子公司。

26. 支持证券公司在临港新片区设立专业子公司。支持保险资产管理公司设立专业资产管理子公司。

27. 为各类社会资本在临港新片区设立投资类公司提供高效便利服务。

(十二)加快建设金融科技生态圈

28. 把握金融业数字化转型机遇,支持金融机构运用金融科技赋能创新金融产品和服务模式,包括但不限于数字银行、智能投顾、保险科技、数字支付等。

29. 发挥临港新片区先行先试优势,积极探索金融科技监管创新,试点开展"监管沙盒"机制,探索人工智能、大数据、云计算、区块链等新技术在金融领域应用,打造具有国际影响力的金融科技创新试验港。

30. 支持金融要素市场、持牌类金融机构和大型科技企业在临港新片区设立金融科技公司、金融科技实验室、企业技术研究院等,对具有重大示范引领作用的,参照金融机构享受相关扶持政策。

31. 积极配合国家金融管理部门加强金融基础设施建设,争取交易报告库、基础征信系统等设施及其运营机构在临港新片区落地。

五、建立和完善金融支持重点产业发展的生态体系

坚守金融服务实体经济的宗旨,立足临港新片区的功能定位和产业基础,深化金融供给侧结构性改革,优化金融资源配置,提升金融服务的质量和效能,支持集成电路、人工智能、生物医药、航空航天、新能源汽车、装备制造、绿色再制造、航运业等重点产业发展,打造世界级前沿产业集群。

(十三)加大对重点产业的信贷支持力度

32. 综合运用融资担保、贷款贴息、风险补偿等财政政策工具,支持开发性金融机构、政策性金融机构和商业性金融机构为临港新片区内高新技术产业、航运业等重点领域发展提供长期信贷资金,并积极支持保险公司创新金融产品和服务。

33. 鼓励开发性、政策性银行运用抵押补充贷款(PSL)资金支持临港新片区内重大科技创新及研发项目。鼓励金融机构运用再贷款、再贴现资金,扩大对临港新片区内科创类企业、高端制造业企业、小微企业和民营企业等信贷投放。

34. 鼓励金融机构发行双创金融债券,募集资金用于临港新片区内科技创新企业贷款。

(十四)拓宽科创企业直接融资渠道

35. 支持商业银行理财子公司专业子公司、金融资产投资公司及其专业投资子公司、证券公司专业子公司、保险资产管理公司专业子公司机构发展,投资临港新片区的重点建设项目股权和未上市企业股权,参与企业重组、直接投资等。支持商业银行和银行理财子公司与临港新片区内的资产管理机构开展业务合作。

36. 更好发挥保险资金支持实体经济功能,引导保险资金积极开展价值投资、长期投资,支持保险机构投资与临港新片区建设相关的科创类投资基金或直接投资于临港新片区内科创企业。

37. 设立临港新片区引导基金,积极吸引各类社会资本在重点产业领域组建产业发展基金群,不断拓宽临港新片区科创企业的股权直接融资渠道。

38. 深化与上海证券交易所、上海股权托管交易中心等合作,建立临港新片区资本市场服务联动工作机制,加大对科创企业挂牌、上市的培育辅导和财政奖励,加快培育一批创新能力强、成长速度快、能够引领和支撑产业发展的创新龙头企业上市科创板。

(十五)依托产业优势促进跨境业务和离岸业务发展

39. 支持融资租赁产业依托洋山特殊综合保税区建设做大做强,加快发展租赁资产证券化等业务,打造融资租赁产业高地。大力促进单机、单船、单套设备融资租赁业务集聚和创新发展,支持享受母子公司共享外债额度、海关异地委托监管等便利政策。

40. 推进"中国洋山港"保税船舶登记,大力发展航运融资、航运保险、航运结算、航材租赁、船舶交易和航运指数衍生品等业务,提升高端航运服务功能。

41. 积极对接在沪金融要素市场,在洋山特殊综合保税区大力开展国际大宗商品交易,深入推进期货保税交割业务,推动期货市场与现货市场的联动发展。

42. 支持保险机构与境外机构合作开发跨境医疗保险产品、开展国际医疗保险结算试点,加快建设国际医疗服务集聚区。

六、强化个性化的综合服务保障

按照《中国(上海)自由贸易试验区临港新片区支持金融业创新发展的若干措施》,通过功能性政策、财税政策和综合配套政策,为集聚金融机构和金融人才在临港新片区各展其才、各尽其用提供保障。对于重点机构和企业,可采取"一事一议"的方式予以支持。

(十六)加快金融集聚区建设

43. 优化现代服务业开放区功能空间布局,全力吸引各类持牌类金融机构、新型金融机构、投资类企业和金融功能性机构入驻。加快会计审计、法律服务、信用评级、投资咨询、财经资讯、人力资源等金融专业服务业发展。

44. 对于在临港新片区新设的机构,给予相应的落户奖励,最高不超过6 000万元。对金融机构因业务发展需要增加实缴资本金的,给予一定的增资奖励。根据机构(包括融资租赁SPV公司)形成的管委会财力贡献,给予一定的综合贡献奖励。

45. 支持新设机构在临港新片区新建、购置或租赁自用办公用房,对于购地建设自用办公用房,且建筑面积自用率达到70%的,对项目建设费给予一定的奖励;对于租赁自用办公用房的,根据实际租赁面积,按年租金最高100%的比例给予补贴,年限不超过三年。

46. 对在临港新片区工作的金融人才,支持享受人员落户、人才公寓或限价商品房、子女教育、医疗保障等方面的优惠政策。对于符合条件的高管人员和特殊高端人才,给予个人贡献奖励,并给予落户支持,紧缺急需的特殊人才符合条件的可直接落户。

(十七)支持金融业务创新发展

47. 建立重大项目服务专员机制,为金融机构注册设立、牌照申请、业务对接、金融创新提供全生命周期的定制化服务。

48. 建立金融创新协调推进机制,根据金融机构业务发展和创新需求,为金融机构与国家金融管理部门对话搭建桥梁、为金融产品和服务创新提供平台,争取更多首创性金融政策在临港新片区先行先试。

49. 建立产融合作长效工作机制,定期举办专业路演、行业沙龙、产融对接会等活动,为金融机构和企业提供有效的对接服务。

50. 设立临港新片区金融业务创新发展资金,每年评选十大金融创新企业、金融业十强企业和十大杰出金融创新人才,并给予一定的奖励,鼓励开展跨境金融、离岸金融等产品和服务创新。

本措施由临港新片区管委会会同有关业务主管部门负责解释。本措施自发布之日起施行,有效期五年。

上海市人民政府印发《关于推动提高上海上市公司质量的若干措施》的通知

沪府规〔2020〕26号

各区人民政府,市政府各委、办、局,各有关单位:

现将《关于推动提高上海上市公司质量的若干措施》印发给你们,请认真贯彻执行。

上海市人民政府
2020年11月20日

关于推动提高上海上市公司质量的若干措施

上市公司是资本市场健康稳定发展的基石,促进区域经济发展作用显著。为深入贯彻党中央、国务院决策部署,进一步激发市场主体活力,积极应对新冠肺炎疫情等不利影响,推动上海上市公司坚定不移走高质量发展之路,现制定以下若干措施。

一、明确总体目标

以习近平新时代中国特色社会主义思想为指导,全面贯彻党的十九大和十九届二中、三中、四中、五中全会精神,践行新发展理念,深化金融供给侧结构性改革,充分发挥各方合力,使本市上市公司治理及运作更加规范,信息披露更加真实有效,主营业务更加突出,投资者回报机制持续优化,突出问题得到有效解决,可持续发展能力和整体质量显著提升,在本市建设"五个中心"、强化"四大功能"、实施三项新的重大任务、打响"四大品牌"等方面发挥更大作用,为促进本市产业结构升级、推动经济社会高质量发展做出更大贡献。

二、提高上市公司治理水平

(一)规范公司治理和内部控制

加强对上市公司董监高、控股股东及实际控制人行为规范的指引。定期发布本市上市公司治理和内部控制最佳实践和警示案例。增强内部控制有效性,探索试点上市公司按照公司章程规定设立内控合规机构。支持投资者保护机构、战略投资者、机构投资者和中小投资者参与公司治理。规范上市公司承诺履行、关联交易,推动解决历史遗留、同业竞争等问题。细化落实独立董事相关履职指引,建立本市上市公司独立董事人才库。支持上市公司实施更为灵活规范有效的股权激励、员工持股计划,扩大国有控股上市公司员工持股计划试点范围。科学界定国有控股上市公司治理相关方的权责,健全国有控股上市公司治理机制,探索将公司治理、内部控制、信息披露纳入国资考核指标。鼓励现金分红,支持和规范上市公司股份回购,加强库存股的规范管理。

(二)提升信息披露质量

上市公司及其他信息披露义务人要以投资者需求为导向,充分披露投资者作出价值判断和投资决策所必需的信息。自愿信息披露必须坚持一致性、持续性原则,不得与依法披露的信息相冲突,不得选择性披露,不得误导投资者。业务与技术、经营与行业风险等信息披露应重点突出、简明易懂,避免过度使用大量专业术语或行业术语,避免模糊、模板化和冗余重复的信息。优化上市公司信息披露评价机制,强化评价结果运用。强化会计从业人员管理,完善注册会计师后续教育机制,加强上市公司会计基础建设。加强对上市公司执行会计准则共性问题的指导,加强会计审计风险提示,提升财务信息质量。严厉打击说假话、做假账,禁止编报虚假财务会计信息。强化内幕信息管理主体责任。推动上市公司建立健全环境、社会和公司治理（ESG）信息披露制度。相关行业主管部门和机构要按照资本市场规则，支持、配合、督促上市公司依法披露相关信息。

三、支持上市公司做优做强

（三）支持优质企业上市

依托"浦江之光"行动，加大对科创企业政策支持力度，持续推进"浦江之光"科创企业库建设，充分利用大数据技术，汇聚相关公共数据开展企业经营行为分析，持续推进科创企业孵化培育，提供精准服务与辅导，提升拟上市企业规范化水平。推动集成电路、人工智能、生物医药和电子信息、新能源汽车、高端装备、先进材料、生命健康等更多重点领域企业，以及新经济代表性企业、数字化转型的传统企业上市发展。支持临港新片区、张江国家自主创新示范区等承接国家和本市重要战略任务的区域内的科创企业在科创板上市，鼓励优质红筹企业回归。推出与上海国际金融中心、科技创新中心地位相匹配的"张江指数"。鼓励和支持混合所有制改革试点企业上市。支持政府引导基金、风险投资基金、创业投资基金、私募股权投资基金、产业投资基金、国有资本投资布局科技创新产业，扩大国有创投企业市场化运作试点范围。发挥上海股权托管交易中心在培育企业上市和融资中的积极作用。

（四）发挥产业引领作用

为上市公司提供要素配置、财政税收等政策支持，引导上市公司带动就业、生产、生态改善和履行社会责任，推动上市公司形成产业集群，在完善产业链、引领科技创新等方面发挥更大作用。研究完善上市公司稳妥参与期货等金融衍生品交易的政策支持，丰富风险管理工具，鼓励上市公司开展与主业相关的风险管理。充分发挥上市公司在促进上海国际金融中心和科技创新中心建设联动发展、推动自贸试验区临港新片区建设、落实长三角区域一体化发展战略等方面的作用。支持上市公司大力发展旗下"老字号"品牌，鼓励相关企业依托资本市场优化股权结构、整合资产，发挥打响上海"四大品牌"的先行者作用。完善知识产权保护，依法落实侵权惩罚性赔偿制度，优化科技成果分享机制。健全高端技术人员职业教育与职业培训体系，支持上市公司引进境内外优秀人才，为上市公司发展提供人才智库保障。

（五）支持市场化并购重组

支持上市公司通过资产重组、收购境内外资产和境内外分拆上市等方式加快产业升级，做优做强。允许更多符合条件的外国投资者对境内上市公司进行战略投资。为战略新兴产业、科技创新产业的优质企业提供个性化综合服务。推动本市国资国企改革，发挥证券市场价格、估值、资产评估结果在国有资产交易定价中的作用，依托资本市场开展混合所有制改革。发挥本市国资持股平台作用，优化国资国企战略布局，提高国有资本管理效率。支持并购基金、私募股权投资基金及银行并购贷款等参与上市公司并购重组。

（六）拓宽多元融资渠道

支持上市公司开展多元化债券和资产支持证券融资，鼓励符合条件的企业通过优先股、永续债、可转债、REITs等创新融资工具丰富融资手段。推动自贸试验区临港新片区、张江国家自主创新示范区、虹桥商务区、G60科创走廊、大学科技园等双创集聚区及长三角一体化示范区内相关公司在证券市场发行各类新型债券等适用融资工具。充分发挥自贸试验区临港新片区制度创新优势，为上市公司跨境融资提供便利。鼓励金融机构通过多种方式对战略新兴产业、高新技术上市公司予以融资支持。支持优质科创企业开展知识产权质押贷款等融资，探索研发贷款、投贷联动等创新金融服务。研究建立对机构投资者的长周期考核机制，吸引更多中长期资金入市。集中力量解决已上市中小企业融资难、融资贵问题，加大信贷投放力度，实施差别化货币信贷支持政策。充分发挥非银行金融机构作用，拓宽融资渠道。

四、健全上市公司退出机制

（七）畅通退出渠道

支持上市公司通过主动退市、企业合并、重组上市、破产重整等多元化渠道依法退出、出清，实现优胜劣汰。打造本市上市公司市场化退出的典型案例，形成"上海经验"。完善上市公司破产重整制度，简化破产重整程序，优化流程。

（八）做好退市处置工作

落实《中华人民共和国证券法》规定，加大退市监管力度，强化上市公司触及强制退市条件的主体责任，对严重损害市场秩序、触及强制退市标准的上市公司坚决予以退市，做好强制退市后续安排。严厉打击通过财务造假、利益输送、操纵市场等方式恶意规避退市行为。健全退市风险监测、预警及信息共享机制。完善退市风险联合防控工作机制，制定退市风险处置预案，保障上市公司平稳退市。

五、解决上市公司突出问题

（九）化解股票质押和债券违约风险

加强上市公司股票质押风险防控，压实大股东、实际控制人主体责任。完善股票质押风险处置区域协调机制，发挥金融稳定发展委员会办公室地方协调机制（上海市）作用，建立全口径股票质押数据库，规范、完善金融机构参与股票质押的行为标准和场内外质押监管标准。严格控制限售股质押，上市公司大股东质押限售期股票应严格遵守相关规范要求及有关承诺。支持各类金融机构以市场化方式参与上市公司股票质押风险化解。支持各类资本依法参与市场化债转股，加强对各类信用风险到期和回售风险的联合监测，完善违约风险处置的统筹协调机制。

（十）严肃处置资金占用、违规担保问题

防范新增资金占用，加强上市公司关联资金混同风险防控。对利用关联方进行无商业实质的购销业务或票据交换、对外投资、支付工程款等新型资金占用行为加大打击力度。着力解决现有资金占用问题，逐家限期清偿或化解。严厉打击限期未清偿、整改或新发生的资金占用和违规担保行为，强化行政责任，对涉嫌犯罪的责任人及时移送公安、司法机关，依法从快从严追究刑事责任。上市公司实施破产重整的,要提出解决资金占用、违规担保问题的切实可行方案,有效保护上市公司及中小股东的合法权益。

(十一)加强应对重大突发事件的政策支持力度

发生自然灾害、公共卫生等重大突发事件,对上市公司正常生产经营造成严重影响的,有关部门要依托中央宏观政策、金融稳定等协调机制,加强协作联动,落实本市产业、金融、财税等方面政策;及时采取措施,维护劳务用工、生产资料、公用事业品供应和物流运输渠道,支持上市公司尽快恢复正常生产经营。

六、加大违法违规惩处力度

(十二)加强违法违规行为查处

严厉打击财务造假、侵占上市公司资金、违规担保、内幕交易、操纵市场等违法违规行为,用好用足自律监管、行政罚款、市场禁入等各类自律及行政惩戒措施,进一步加大线索发现和刑事移送力度,对达到刑事追诉标准的,做到应移尽移。推进上市公司与控股股东、实际控制人责任的差异化处理,突出对违法行为决策、主要责任人等"关键少数"的责任追究。对涉案证券公司、证券服务机构等中介机构及从业人员一并查处。强化跨境执法协作,积极稳妥处理上海证券市场与境外市场互联互通过程中发生的各类违法违规案件。

(十三)完善联合惩戒机制

推进监管信息共享,强化联合惩戒闭环工作机制,对在上市公司违法中负有责任的相关失信主体,在行业准入、金融服务、出境出行等方面依法予以限制,营造"褒扬诚信、惩戒失信"的市场环境。持续深化行政执法与刑事司法各环节衔接和联动,通过联合办案、专业支持、个案会商、调查手段互补等方式优化工作流程,缩短办案周期,快速打击违法行为,及时回应市场关切。

七、营造良好市场生态

(十四)优化营商环境

发挥上海公共数据和"一网通办"作用,促进全市公共数据的综合应用,加强各区、各有关部门信息共享,优化行政办事流程。推进上市公司监管大数据平台建设,优化涉及上市公司的财政、税务、海关、金融、市场监管、行业监管、司法机关等信息查询共享机制,提高监管执法效能。严格落实保障中小企业款项支付相关规定,加大力度解决已上市中小企业应收账款拖欠问题。切实推动"放管服"改革,培育公平竞争的市场环境。

(十五)发挥中介机构作用

加大对保荐机构、会计师事务所、律师事务所、资产评估机构、资信评级机构等中介机构在上市公司相关业务中执业质量的监管力度,压实中介机构责任,充分发挥中介机构"看门人"作用。相关部门和机构应积极配合证券服务机构开展函证、尽职调查等业务。

(十六)健全投资者保护机制

强化上市公司主体责任,督促上市公司及相关方公平对待所有股东。加强投资者保护教育,鼓励投资者积极行使股东权利。将投资者教育纳入国民教育体系,倡导理性投资、价值投资、长期投资理念,强化投资风险防范意识。充分发挥投资者保护机构对投资者行权维权的示范引导作用,支持其开展投票权征集,发挥上海金融审判专业优势,支持落实证券民事赔偿诉讼的代表人诉讼制度,推动中国特色证券集体诉讼制度在本市开展有益实践。鼓励倡导上市公司控股股东、实际控制人及相关的证券公司根据《中华人民共和国证券法》对投资者承担先行赔偿责任,提高赔付效率。支持投资者保护机构对上市公司相关主体侵犯公司合法权益给公司造成损失的相关行为提起股东代位诉讼。研究探索在本市建立上市公司违规风险准备金制度。发挥证券、基金、期货业纠纷联合人民调解委员会等证券期货专业调解组织作用。研究探索检察机关提起证券公益民事诉讼和投资者就上市公司虚假陈述民事纠纷申请仲裁裁决制度等多元化纠纷化解机制。

(十七)营造良好舆论生态

进一步健全监管部门与本市主要新闻媒体在上市公司舆情监测、媒体通报等方面的协作机制,支持各类媒体加强政策解读与宣传,发挥舆论监督作用,营造良好的资本市场舆论环境。规范各类主体对利益相关上市公司的报道评论,防范利益冲突,加大对编造、传播虚假信息或者误导性信息行为的打击力度,规范信息传播秩序。强化上市公司、董监高及实际控制人的社会责任意识,弘扬企业家精神,坚决防范道德风险,宣传诚信经营理念。

本措施自 2020 年 12 月 1 日起施行。

第十二章

附 录

12.1 大事记

2月26日 上海证监局就上海中毅达股份有限公司(简称"中毅达")、何晓阳等涉嫌信息披露违法违规案审理终结,做出《行政处罚决定书》(沪〔2020〕1—5号),对中毅达责令改正,给予警告,并处以40万元罚款;对时任中毅达实际控制人的何晓阳责令改正,给予警告,并处以60万元罚款;对时任中毅达副董事长并代履行董事长、总经理、董事会秘书职务的任鸿虎给予警告,并处以20万元罚款;对时任中毅达监事的张秋霞给予警告,并处以3万元罚款;对时任中毅达总经理、董事会秘书的党悦栋给予警告,并处以20万元罚款。

3月16日 先锋领航投顾(上海)投资咨询有限公司通过证监会基金投资顾问业务验收,正式开展基金投资顾问业务,成为证监会自启动基金投资顾问业务试点以来,全国首家正式获准开业的外资参股基金投顾公司。

3月20日 摩根大通证券(中国)有限公司在上海举行线上开业仪式,该公司系证券期货业进一步扩大开放后首批新设的外资控股51%的证券公司之一。

3月24日 摩根士丹利华鑫证券有限责任公司变更控股股东事项获证监会核准,外资股比升至51%,外资取得合资证券公司控股权取得积极进展。

3月31日 由上海证监局指导,中国证券投资基金业协会和上海市基金同业公会共同编写的首部基金行业外商投资指南——《海外资管机构赴上海投资指南》在沪正式发布。

4月10日 上海市第三中级人民法院对上海中毅达股份有限公司违规披露重要信息案(2015年三季报财务造假)公开审理并当庭做出一审判决。判决违规披露重要信息罪的直接负责主管人员任鸿虎有期徒刑1年,缓刑1年,并处罚金人民币20万元;对直接责任人员林旭楠判处有期徒刑6个月,缓刑1年,并处罚金人民币10万元;对直接责任人员盛燕和秦健智均判处拘役3个月,缓刑3个月,并处罚金人民币5万元。该案由上海证监局查处并移送公安机关,系上海首例提起公诉并判刑的违规披露重要信息罪案件。

4月16日 上海证监局指导上海市证券基金期货业纠纷联合人民调解委员会完成换届工作。该调解委员会自2017年成立以来,顺应资本市场发展形势,不断健全和完善纠纷多元化解工作机制,积极推进诉调对接机制落实、稳妥推动小额速调机制落地等多项工作,近三年成功调解 723 起，涉及金额 8.7 亿元。

4 月 17 日　上海证监局就中毅达信息披露违法违规案(2018 年年报未及时披露)审理终结，做出《行政处罚决定书》(沪〔2020〕6 号)，对中毅达给予警告，并处以人民币 30 万元罚款。同时，对中毅达违法行为负有责任的人员将另案处理。

4 月 22 日　原东方花旗证券有限公司领取上海市场监督管理局颁发的企业法人营业执照，更名为东方证券承销保荐有限公司。

5 月 8 日　上海自贸区临港新片区管委会召开发布会，正式发布由新片区管委会、人民银行上海总部、上海银保监局、上海市金融工作局以及上海证监局五部门联合制定的《全面推进中国(上海)自由贸易试验区临港新片区金融开放与创新发展的若干措施》。

5 月 15 日　上海证监局就中毅达、何晓阳等涉嫌信息披露违法违规案审理终结，做出《行政处罚决定书》(沪〔2020〕7 号)。对时任中毅达法定代表人、董事长的沈新民给予警告，并处以人民币 20 万元罚款。

5 月 15 日　上海证监局组织辖区各投教基地建设单位、行业协会、上市公司、证券期货经营机构、投资者和媒体代表参加中国证监会第二届 5·15 全国投资者保护宣传日视频活动上海分会场活动，并举行辖区第三批国家级证券期货投资者教育基地授牌仪式，辖区海通证券和东方证券投教基地被正式命名为"全国证券期货投资者教育基地"。

5 月 18 日　上海证监局指导辖区调解组织协调证券、基金、期货三家同业公会与上海市律协签署战略合作协议，推动社会律师作为调解员参与上海辖区证券期货纠纷多元化解工作，以此扩大社会律师调解员数量，优化辖区调解员队伍结构。

5 月 21 日　上海证监局将张绍波内幕交易"匹凸匹"股票案(《行政处罚决定书》沪〔2019〕1 号)罚没款合计人民币 1.03 亿元全额执行到位。该案由上海证监局自查、自审、自罚、执行，创派出机构执行到位金额之最。

5 月 26 日　上海市第二中级人民法院对樊菁内幕交易"金力泰"案做出一审判决。被告人宁雨犯内幕交易罪，判处有期徒刑 1 年，并处罚金人民币 30 万元；禁止其自刑罚执行完毕之日起 3 年内从事与证券相关的职业。被告人樊菁犯内幕交易罪，判处有期徒刑 1 年，缓刑 1 年，并处罚金人民币 30 万元；禁止其在缓刑考验期内从事证券交易等相关活动。该案由上海证监局查处并移送公安机关，系全国首例对涉证券领域犯罪的从业人员适用"从业禁止"的案件。

5 月 27 日　上海证监局高效完成中芯国际集成电路有限公司(简称"中芯国际")辅导验收工作。7 月 16 日，中芯国际登陆科创板，刷新科创板上市最快纪录，成为科创板首家"A+H"红筹企业。

5 月 29 日　华菁证券获批变更业务范围，增加证券自营、代销金融产品业务。

6月3日　民生证券更换完成证券期货经营业务许可证,注册地由北京变更为上海。

6月8日　上海证监局正式启用拟上市公司辅导监管综合服务电子平台"上市e站",进一步提升辅导监管工作效能,更好地支持上海企业借助多层次资本市场实现优质发展。

6月18日　证监会主席易会满、副主席方星海一行参加第十二届陆家嘴论坛,易会满主席在会上发表重要讲话。

6月22日　光大证券股份有限公司获批取得证券投资基金托管资格。

6月22日　低硫燃料油期货作为国内第五个对外开放的特定期货品种在上海国际能源交易中心正式挂牌交易,证监会副主席方星海以视频连线方式参加上市仪式并致辞。

6月28日　上海市第三中级人民法院对上海普天违规披露重要信息案做出一审判决,6名责任人员因犯违规披露重要信息罪,分别被判处两个月到一年两个月的拘役至有期徒刑,同时适用缓刑,并处相应罚金。法院经审理查明,2014年间,上海普天采用与其他公司开展无实物交割、资金闭环的虚假贸易,虚增收入和利润,共计虚增利润1 800余万元,虚增利润约占当期披露利润总额的130%,将亏损披露为盈利。该案由上海证监局查办并移送公安机关,系上海市首例获宣判的央企上市公司违规披露重要信息罪案件。

二季度　国际资管机构贝莱德金融管理公司、路博迈投资咨询公司以及富达亚洲控股私人有限公司先后向中国证监会提交公募基金管理公司设立资格审批申请,拟在沪设立公募基金公司。上述3家机构是公募基金管理公司外资股比限制取消后首批申请公募牌照的外资资管机构。

7月15日　经证监会批准,申万宏源证券有限公司取得试点开展跨境业务资格。

7月17日　按照证监会统一部署,上海证监局参与新时代证券股份有限公司、国盛证券有限责任公司在沪分支机构的接管工作。

7月17日　按照证监会统一部署,上海证监局依法对国盛期货有限责任公司实行接管,自接管之日起行使国盛期货的经营管理权,并委托国泰君安期货有限公司成立国盛期货托管组,在接管组指导下按照托管协议开展工作。

7月28日　上海证监局会同上海市司法机关等相关单位召开推进上海资本市场行政司法联动专题会,研究进一步加强证券执法司法联动,强化刑事追责力度,形成打击资本市场违法行为合力。上海市高级人民法院、上海市人民检察院、上海市公安局、证监会上海专员办、上海证券交易所、上海期货交易所、中国金融期货交易所等单位参会。

7月29日　上海证监局公示2019—2020年度上海辖区证券期货投资者教育基地考核结果,国泰君安证券投教基地获评国家级优秀,海通证券和东方证券投教基地获评省级优秀。

7月,上海证监局与市检察院签订《合作备忘录》,在信息共享、支持规范金融创新活动、合力打击金融犯罪等多方面进一步建立健全长效合作机制。

8月14日　上海证监局组织召开了辖区期货经营机构座谈会。

8月17日　＊ST毅达公司恢复上市。

8月24日　阎庆民副主席来沪调研私募基金监管工作。

8月25日　人民银行上海分行、上海银保监局、上海证监局、上海市网信办联合向辖区金融机构下发《关于开展2020年"金融知识普及月 金融知识进万家 争做理性投资者 争做金融好网民"活动的通知》，指导开展相关金融消费者和投资者教育活动。

8月27日　经中国证监会核准，星展证券（中国）有限公司设立，注册地为上海，注册资本金为人民币15亿元，业务范围为证券经纪、证券投资咨询、证券自营、证券承销和保荐。

8月28日　全国首家外资发起设立并100％控股的公募基金管理公司——贝莱德基金管理有限公司获准设立。该公司由全球最大资管公司之一贝莱德金融管理公司全资控股，注册资本金为3亿元人民币，注册地为上海。

8月　　证监会稽查局在上海证监局召开证券期货基金业反洗钱工作座谈会，分为期货公司、交易所、基金公司、证券公司四个专场。

9月7日　上海证监局就上海中毅达股份有限公司、何晓阳等涉嫌信息披露违法违规案审理终结，做出《行政处罚决定书》（沪〔2020〕8号）。对原中毅达董事李厚泽给予警告，并处以5万元罚款。

9月7日　上海市市场监管局联合市金融局、上海证监局等九部门共同出台《关于进一步加强金融广告监管工作的意见》，旨在重拳治理未取得相应金融业务资质主体发布金融广告的行为和互联网违法金融广告。

9月24日　证监会对上海证监局办理的刘芳洁涉嫌利用未公开信息交易案做出行政处罚：对刘芳洁责令改正，没收违法所得884.59万元，并处以2 653.77万元的罚款，同时决定对刘芳洁采取终身市场禁入措施。

9月27日　上海证监局组织召开上海地区资本市场民主人士代表支持上海国际金融中心建设专题座谈会。

9月28日　上海证监局指导上海市期货同业公会组织召开辖区期货公司2020年第三季度首席风险官联席会议。

10月19日　上海证监局就徐旭斌涉嫌操纵"新光圆成"案审理终结，做出《行政处罚决定书》（沪〔2020〕9号）。对徐旭斌给予警告，并处以350万元罚款。

10月19日　上海证监局就史一兵涉嫌违反证券法律法规案审理终结，做出《行政处罚决定书》（沪〔2020〕10号）。对史一兵给予警告，并处以60万元罚款。

10月20日　上海证监局就戴卡娜涉嫌从业人员违规买卖股票案审理终结，做出《行政处罚决定书》（沪〔2020〕11号）。对戴卡娜处以10万元罚款。

10月27日　上海市第一中级人民法院对上投摩根基金经理赵某申利用未公开信息案做出一审判决。被告人赵某申犯利用未公开信息交易罪,判处有期徒刑4年,并处罚金2 280万元,该案由上海证监局调查并移送公安机关。

10月28日　沪苏浙皖甬五家证监局在合肥召开"推进落实长三角一体化发展战略的证券期货监管服务协作联席座谈会",就五家证监局在推进落实长三角一体化高质量发展战略中,深化证券期货监管服务协作的工作思路、重点和机制等进行了探讨研究。会议讨论通过《沪苏浙皖甬五家证监局推进落实长三角一体化发展战略证券期货监管服务协作工作举措》。

10月30日　上海证监局联合证监会系统在沪单位、上海市相关政府部门、新闻媒体、高等院校、行业协会、证券期货投资者教育基地等31家单位,发起成立上海投保联盟,并召开联盟成立会议暨上海辖区投保联席会议。

11月3日　华菁证券有限公司(12月16日起更名为华兴证券有限公司)经上海证监局批准新增证券自营、代销金融产品业务资格。

11月9日　上海证监局纪委牵头召开辖区证券期货基金经营机构廉洁从业建设座谈会。

11月12日　上海证监局指导上海市期货同业公会召开第十一届期货机构投资者年会。

11月15日　华信证券证券类资产转让及员工安置工作全部完成,行政清理工作按期结束。

11月16日　上海证监局就行悦信息涉嫌信息披露违法违规案审理终结,做出《行政处罚决定书》(沪〔2020〕12—14号)。对行悦信息科技股份有限公司给予警告,并处以60万元罚款;对庄晶、祝建民给予警告,并分别处以3万元、10万元罚款。

11月17日　上海证监局就周天航涉嫌从业人员违规买卖股票案审理终结,做出《行政处罚决定书》(沪〔2020〕15号)。对周天航处以5万元罚款。

11月18日　上海证监局就"易见股份"内幕交易案审理终结,做出《行政处罚决定书》(沪〔2020〕16—26号、31号),对俎云芬、张谊等人没收违法所得,并处以相应的罚款。

11月20日　在上海证监局的积极推动下,上海市出台印发《关于推动提高上海上市公司质量的若干措施》(沪府规〔2020〕26号)。

11月26日　上海证监局就上海富翊装饰工程股份有限公司涉嫌信息披露违法违规案审理终结,做出《行政处罚决定书》(沪〔2020〕27—30号)。对富翊装饰给予警告,并处以60万元罚款;对翟峻逸、李宜隆、顾伟君给予警告,并分别处以60万元、20万元、5万元罚款。

11月30日　上海阜兴实业集团有限公司、朱一栋、赵卓权、朱成伟涉嫌集资诈骗罪、操纵证券市场罪一案在上海市第二中级人民法院开庭审理,上海证监局派员参加现场稳控工作,并第一时间向证监会市场二部报告相关情况,提请协调做好后续有关工作。

11月30日　上海证监局组织召开上海资本市场学习贯彻习近平总书记浦东开发开放30

周年重要讲话精神座谈会,辖区上市公司、证券期货基金经营机构、私募基金管理机构、律师事务所、会计师事务所等 11 家代表参会。

12 月 4 日　　上海证监局于第七个"国家宪法日"首次召开监管执法案例新闻发布会,通报监管执法中处理的 4 类典型违法违规案例,向社会各界发布证券基金期货监管执法的最新动向,进一步明确监管要求。

12 月 6 日　　由中国商法研究会主办的"第五届中国金融法论坛长三角金融庭长暨期货法论坛"在沪召开。

12 月 7 日　　百联集团有限公司获证监会批准,成为上海证券有限责任公司主要股东、控股股东。

12 月 8 日　　驻证监会纪检监察组樊大志组长来上海证监局调研党建、纪检工作。

12 月 9 日　　北京市第一中级人民法院就许伟强诉中国证监会行政处罚案做出一审宣判,驳回原告许伟强的诉讼请求。该案于 8 月 10 日公开开庭审理。

12 月 16 日　　上海证监局联合长三角地区江苏证监局、浙江证监局、安徽证监局、宁波证监局及上海证券交易所、上海期货交易所、中证中小投资者服务中心等单位,通过在线形式共同成功举办"长三角投教基地交流会议暨庆祝资本市场 30 周年投保工作研讨会"。

12 月 17 日　　阎庆民副主席在沪主持召开系统部分单位宣传思想工作调研座谈会。

12 月 18 日　　上海证监局指导上海市期货同业公会召开第三十三次期货公司信息技术负责人联席会议。

12 月 21 日　　华宝证券有限责任公司获证监会核准新增保荐业务资格。

12 月 21 日　　德邦证券股份有限公司资管子公司德邦证券资产管理有限公司获得"经营证券期货业务许可证",正式获准开业。

12 月 22 日　　上海证监局就行悦信息涉嫌信息披露违法违规案做出《行政处罚决定书》(沪〔2020〕32 号)。对徐恩麒给予警告,并处以 90 万元罚款。

12 月 22 日　　上海证监局就朱春华涉嫌内幕交易"天海防务"案审理终结,做出《行政处罚决定书》(沪〔2020〕33 号)。没收朱春华违法所得 1 932.35 元,并处以 3 万元罚款。

12 月 24 日　　上海证监局指导上海市期货同业公会组织召开辖区期货公司 2020 年第四季度首席风险官联席会议。

12 月 30 日　　上海证监局报送的"贯彻落实新《证券法》,全面发挥证券市场诚信档案制度作用"案例,被评为 2020 年度上海市"创新社会治理深化平安建设"优秀案例。

12 月 31 日　　五洋债欺诈发行案一审宣判,德邦证券作为承销商因审慎核查不足、专业把关不严、未勤勉尽责,被判承担连带赔偿责任。

10 月至 12 月,甬兴资管、瑞达基金、天风资管相继取得经营证券期货业务许可证。

12.2　上海地区监管对象名录

表 12.1　　　　　　　　　　　　　　2020 年末上海地区上市公司名录

序号	公司名称	地　　址	电　　话
1	荣丰控股集团股份有限公司	中国(上海)自由贸易试验区浦东大道 1200 号 1908 室	010－51757687 010－51757685
2	三湘印象股份有限公司	上海市杨浦区逸仙路 333 号 501 室	021－65364018
3	上海科华生物工程股份有限公司	上海市徐汇区钦州北路 1189 号	021－64850088
4	思源电气股份有限公司	上海市闵行区金都路 4399 号	021－61610958
5	上海威尔泰工业自动化股份有限公司	上海市闵行区虹中路 263 号 1 幢	021－64656465
6	中国海诚工程科技股份有限公司	上海市徐汇区宝庆路 21 号	021－64314018
7	上海汉钟精机股份有限公司	上海市金山区枫泾镇建贡路 108 号	021－57350280×1005 021－57350280×1132
8	上海悦心健康集团股份有限公司	上海市闵行区浦江镇三鲁公路 2121 号	021－54333699
9	上海延华智能科技(集团)股份有限公司	上海市普陀区西康路 1255 号 6 楼 602 室	021－61818686×309
10	上海海得控制系统股份有限公司	上海市闵行区新骏环路 777 号	021－60572990
11	上海二三四五网络控股集团股份有限公司	上海市徐汇区宜山路 700 号 85 幢 6 楼	021－64822345
12	上海宏达新材料股份有限公司	上海市闵行区春常路 18 号 1 幢 2 层 A 区	0511－88226078 021－64036081×8011
13	上海莱士血液制品股份有限公司	上海市奉贤区望园路 2009 号	021－22130888×217
14	上海美特斯邦威服饰股份有限公司	上海市浦东新区康桥东路 800 号	021－68182996 021－68183939
15	上海神开石油化工装备股份有限公司	上海市闵行区浦星公路 1769 号	021－64293895
16	上海普利特复合材料股份有限公司	上海市青浦区赵巷镇沪青平公路 2855 弄 1 号 12 楼	021－69210096
17	上海新朋实业股份有限公司	上海市青浦区华新镇华隆路 1698 号	021－31166512

续表

序号	公司名称	地　址	电　话
18	上海柘中集团股份有限公司	上海市奉贤区联合北路215号第5幢2501室	021－57403737
19	中远海运科技股份有限公司	上海市浦东新区民生路600号	021－58211308
20	上海摩恩电气股份有限公司	上海市浦东新区江山路2829号	021－58979608
21	上海加冷松芝汽车空调股份有限公司	上海市闵行区莘庄工业区华宁路4999号	021－52634750 021－52634750×1602
22	上海嘉麟杰纺织品股份有限公司	上海市金山区亭林镇亭枫公路1918号	010－63541462
23	协鑫集成科技股份有限公司	上海市奉贤区南桥镇江海经济园区	0512－69832889
24	上海新时达电气股份有限公司	上海市嘉定区南翔镇新勤路289号	021－69926000 021－69896737
25	上海徐家汇商城股份有限公司	上海市徐汇区肇嘉浜路1068号	021－64269991 021－64269999
26	上海顺灏新材料科技股份有限公司	上海市普陀区真陈路200号	021－66278702
27	上海百润投资控股集团股份有限公司	上海市浦东新区康桥工业区康桥东路558号	021－58135000
28	上海姚记科技股份有限公司	上海市嘉定区黄渡镇曹安路4218号	021－69595008
29	金安国纪科技股份有限公司	上海市松江区工业区宝胜路33号	021－57747138
30	上海康达化工新材料集团股份有限公司	上海市奉贤区雷州路169号	021－68918998×8669 021－50770196 021－50779159
31	上海良信电器股份有限公司	上海市浦东新区申江南路2000号	021－68586651 021－68586632
32	上海纳尔实业股份有限公司	上海市浦东新区新场镇新瀚路26号	021－31272888
33	上海力盛赛车文化股份有限公司	上海市松江区佘山镇沈砖公路3000号	021－62418755
34	天海融合防务装备技术股份有限公司	上海市松江区莘砖公路518号10幢8层	021－60859788 021－60859745 021－60859837
35	网宿科技股份有限公司	上海市嘉定区环城路200号	021－64685982
36	上海凯宝药业股份有限公司	上海市奉贤区工业综合开发区程普路88号	021－37572069

续表

序号	公司名称	地 址	电 话
37	东方财富信息股份有限公司	上海市嘉定区宝安公路 2999 号 1 幢	021－54660526
38	旗天科技集团股份有限公司	上海市浦东新区川大路 555 号	021－60975620
39	上海安诺其集团股份有限公司	上海市青浦区工业园区崧华路 881 号	021－59867500
40	华平信息技术股份有限公司	上海市杨浦区国权北路 1688 弄 69 号	021－65650210
41	锐奇控股股份有限公司	上海市松江区新桥镇新茸路 5 号	021－57825832
42	上海泰胜风能装备股份有限公司	上海市金山区卫清东路 1988 号	021－57243692
43	上海科泰电源股份有限公司	上海市青浦区张江高新区青浦园天辰路 1633 号	021－69758010 021－69758012
44	万达信息股份有限公司	上海市徐汇区桂平路 481 号 20 号楼 5 层	015921621686 021－62489636 021－24178888
45	上海汉得信息技术股份有限公司	上海市青浦区工业园区外青松公路 5500 号 303 室	021－50177372 021－67002300
46	上海东富龙科技股份有限公司	上海市闵行区都会路 1509 号 4 幢	021－64909699
47	上海华峰超纤科技股份有限公司	上海市金山区亭卫南路 888 号	021－57243140
48	科大智能科技股份有限公司	上海市浦东新区自由贸易试验区碧波路 456 号 A203 室	021－50804882
49	上海金力泰化工股份有限公司	上海市奉贤区青村镇沿钱公路 2888 号	021－31156097
50	上海钢联电子商务股份有限公司	上海市宝山区园丰路 68 号	021－26093997
51	上海永利带业股份有限公司	上海市青浦区徐泾镇徐旺路 58 号	021－59884061
52	上海新阳半导体材料股份有限公司	上海市松江区思贤路 3600 号	021－57850066
53	上海天玑科技股份有限公司	上海市青浦区工业园区清河湾路 1200 号 1008 室	021－54278888
54	卫宁健康科技集团股份有限公司	上海市浦东新区东育路 255 弄 4 号 3 楼 B29	021－80331033
55	上海巴安水务股份有限公司	上海市青浦区章练塘路 666 号	021－32020653
56	开能健康科技集团股份有限公司	上海市浦东新区川沙镇川大路 508、518 号	021－58599901
57	安科瑞电气股份有限公司	上海市嘉定区育绿路 253 号	021－69158331

续表

序号	公司名称	地　址	电　话
58	上海凯利泰医疗科技股份有限公司	上海市浦东新区张江高科技园东区瑞庆路528号23幢2楼	021－50728758
59	中颖电子股份有限公司	上海市长宁区金钟路767弄3号	021－61219988 021－61219988×1688
60	上海华虹计通智能系统股份有限公司	上海市长宁区广顺路33号H栋3－4楼	021－31016917
61	上海新文化传媒集团股份有限公司	上海市虹口区东江湾路444号北区238室	021－65871976
62	鼎捷软件股份有限公司	上海市静安区江场路1377弄绿地中央广场7号20楼	021－51791699
63	上海安硕信息技术股份有限公司	上海市杨浦区国泰路11号2308室	021－55137223
64	上海飞凯光电材料股份有限公司	上海市宝山区潘泾路2999号	021－50322662
65	上海普丽盛包装股份有限公司	上海市金山区张堰镇金张支路84号26幢	021－57211797
66	上海华铭智能终端设备股份有限公司	上海市松江区茸梅路895号	021－57784382
67	上海信联信息发展股份有限公司	上海市静安区昌平路710号302室	021－51208285 021－51077666
68	上海沃施园艺股份有限公司	上海市闵行区元江路5000号	021－64093206 021－58831588
69	上海润欣科技股份有限公司	上海市徐汇区田林路200号A号楼301室	021－54264260
70	上海海顺新型药用包装材料股份有限公司	上海市松江区洞泾镇蔡家浜路18号	021－37017626
71	上海维宏电子科技股份有限公司	上海市闵行区颛兴东路1277弄29号4楼	021－33587515
72	上海雪榕生物科技股份有限公司	上海市奉贤区现代农业园区高丰路999号	021－37198681
73	上海古鳌电子科技股份有限公司	上海市普陀区同普路1225弄6号	021－22252595
74	上海会畅通讯股份有限公司	上海市金山区吕巷镇红光路4200－4201号2757室	021－61321868×1872 021－61321861
75	上海移为通信技术股份有限公司	上海市闵行区新龙路500弄30号	021－54450318
76	汇纳科技股份有限公司	上海市金山区亭林镇亭枫公路333号216室	021－68640278 021－31759693
77	上海富瀚微电子股份有限公司	上海市徐汇区宜山路717号6楼	021－61121558
78	上海华测导航技术股份有限公司	上海市青浦区徐泾镇高泾路599号C座	021－64950939

续表

序号	公司名称	地　　址	电　话
79	上海透景生命科技股份有限公司	中国(上海)自由贸易试验区碧波路572弄115号1幢	021－50495115
80	上海瀚讯信息技术股份有限公司	上海市长宁区金钟路999号4幢601室	021－62386622
81	上海矩子科技股份有限公司	上海市闵行区中春路7001号2幢408室	021－64969730
82	品渥食品股份有限公司	上海市松江区佘山镇新宅路777弄3号	021－51863006
83	上海凯鑫分离技术股份有限公司	中国(上海)自由贸易试验区张江路665号3楼	021－58988820
84	上海海融食品科技股份有限公司	上海市奉贤区金汇镇金斗路666号	021－37560135
85	益海嘉里金龙鱼粮油食品股份有限公司	中国(上海)自由贸易试验区博成路1379号15楼	021－31199999 021－31823188
86	上海浦东发展银行股份有限公司	上海市黄浦区中山东一路12号	021－63611226 021－61618888
87	上海国际机场股份有限公司	上海市浦东新区启航路900号	021－68341609
88	上海国际港务(集团)股份有限公司	中国(上海)自由贸易试验区同汇路1号综合大楼A区4楼	021－55333388
89	宝山钢铁股份有限公司	上海市宝山区富锦路885号宝钢指挥中心	021－26647000
90	上海电力股份有限公司	上海市黄浦区中山南路268号	021－23108718 021－23108800
91	中远海运能源运输股份有限公司	中国(上海)自由贸易试验区业盛路188号A－1015室	021－65967678
92	国投资本股份有限公司	中国(上海)自由贸易试验区北张家浜路128号204－3、204－4、204－5室	010－83325163
93	中船科技股份有限公司	上海市浦东新区上川路361号	021－63022385
94	上海梅林正广和股份有限公司	上海市浦东新区川桥路1501号	021－22866016
95	东风电子科技股份有限公司	上海市闵行区浦江镇新骏环路88号13幢203室	021－62033003×52 021－62033003×53
96	中视传媒股份有限公司	上海市浦东新区福山路450号新天国际大厦17楼A座	021－68765168
97	上海大名城企业股份有限公司	上海市闵行区红松东路1116号1幢5楼A区	021－62478900 021－62470088
98	上海开创国际海洋资源股份有限公司	上海市浦东新区外高桥保税区新灵路118号1201A室	021－65686875 021－65690310
99	上海汽车集团股份有限公司	上海市浦东新区张江高科技园区松涛路563号1幢5楼509室	021－22011138

续表

序号	公司名称	地址	电话
100	中国东方航空股份有限公司	上海市浦东新区浦东国际机场机场大道66号	021－22330930 021－22330920
101	长发集团长江投资实业股份有限公司	上海市浦东新区世纪大道1500号9楼	021－66601817 021－66601819
102	中国船舶工业股份有限公司	中国(上海)自由贸易试验区浦东大道1号	021－68860618
103	上海航天汽车机电股份有限公司	上海市浦东新区榕桥路661号	021－64827176
104	上海建工集团股份有限公司	中国(上海)自由贸易试验区福山路33号	021－55885959 021－35100838 021－35318170
105	上海贝岭股份有限公司	上海市徐汇区漕河泾开发区宜山路810号	021－24261157
106	上海创兴资源开发股份有限公司	上海市浦东新区康桥路1388号3楼A	021－58125999
107	上海复星医药(集团)股份有限公司	上海市普陀区曹杨路510号9楼	021－33987870
108	上海紫江企业集团股份有限公司	上海市闵行区莘庄工业区申富路618号	021－62377118
109	上海开开实业股份有限公司	上海市静安区万航渡路888号	021－62712002
110	东方国际创业股份有限公司	中国(上海)自由贸易试验区张杨路707号2221室	021－62785521 021－62789999
111	上海浦东路桥建设股份有限公司	中国(上海)自由贸易试验区川桥路701弄3号7楼	021－58206677
112	上海家化联合股份有限公司	上海市虹口区保定路527号	021－35907000 021－35907666
113	上海振华重工(集团)股份有限公司	上海市浦东新区浦东南路3470号	021－50390727
114	上海现代制药股份有限公司	上海市浦东新区建陆路378号	021－52372865 021－62510990
115	鹏欣环球资源股份有限公司	上海市普陀区中山北路2299号2280室	021－61677666×7397 021－61677397
116	中化国际(控股)股份有限公司	中国(上海)自由贸易试验区长清北路233号12楼	021－31768000 021－31769818
117	华丽家族股份有限公司	上海市黄浦区瞿溪路968弄1号202室	021－62376199
118	上海大屯能源股份有限公司	上海市浦东新区浦东南路256号	021－68864621
119	国网英大股份有限公司	中国(上海)自由贸易试验区国耀路211号C座9楼	021－51531111 021－51796818

续表

序号	公司名称	地 址	电 话
120	上海交大昂立股份有限公司	上海市松江区环城路666号22幢	021—54277900 021—54277820 021—54277865
121	上海智汇未来医疗服务股份有限公司	上海市宝山区高逸路112—118号5幢203室	021—68813390 021—50342280
122	光明乳业股份有限公司	上海市徐汇区吴中路578号	021—54584520×5277 021—54584520×5623
123	方正科技集团股份有限公司	上海市静安区南京西路1515号嘉里中心9楼	021—58400030
124	云赛智联股份有限公司	上海市浦东新区张江高科技园区张衡路200号1号楼2楼	021—62980202 021—34695939 021—34695838
125	上海市北高新股份有限公司	上海市静安区共和新路3088弄2号1008室	021—66528130
126	上海汇通能源股份有限公司	上海市浦东新区康桥路1100号	021—62560000
127	绿地控股集团股份有限公司	上海市黄浦区打浦路700号	021—63600606 021—23296400
128	上海宽频科技股份有限公司	上海市浦东新区民夏路100号2幢304室	021—62319566 021—62317066 0871—63202050
129	上海中毅达股份有限公司	上海市崇明区三星镇北星公路1999号3号楼170—2室	18918578526
130	大众交通(集团)股份有限公司	上海市徐汇区中山西路1515号大众大厦12楼	021—64289122
131	老凤祥股份有限公司	上海市黄浦区南京西路190号4楼、5楼	021—54480605 021—64833388×619
132	上海神奇制药投资管理股份有限公司	上海市浦东新区上川路995号	021—53750009
133	上海丰华(集团)股份有限公司	上海市浦东新区浦建路76号由由国际广场1507室	021—58702762
134	上海金枫酒业股份有限公司	上海市浦东新区张杨路579号(三鑫大厦内)	021—58352625 021—50812727×908
135	上海氯碱化工股份有限公司	上海市金山区化学工业区神工路200号	021—23536638
136	上海海立(集团)股份有限公司	上海市浦东新区金桥出口加工区宁桥路888号	021—58547777 021—58547618
137	上海市天宸股份有限公司	上海市长宁区延安西路2067号29楼	021—62782233
138	上海华鑫股份有限公司	上海市浦东新区金海路1000号	021—54967663 021—54967667
139	光大嘉宝股份有限公司	上海市嘉定区清河路55号6—7楼	021—59529711 021—59524888

续表

序号	公司名称	地　址	电　话
140	上海华谊集团股份有限公司	上海市静安区常德路809号	021－23530152 021－23530180 021－23530381
141	上海复旦复华科技股份有限公司	上海市奉贤区汇丰北路1515弄1号2幢107室	021－63872288
142	上海申达股份有限公司	中国(上海)自由贸易试验区耀华路251号1幢1楼	021－62328282
143	上海新世界股份有限公司	上海市黄浦区南京西路2－88号	021－63588888×3329 021－63871786
144	华东建筑集团股份有限公司	上海市黄浦区西藏南路1368号5楼501室	021－62464018 021－52524567
145	上海龙头(集团)股份有限公司	上海市黄浦区制造局路584号10幢4楼	021－63159108 021－34061116
146	上海富控互动娱乐股份有限公司	上海市虹口区广粤路437号2幢215室	021－63288082
147	上海大众公用事业(集团)股份有限公司	上海市浦东新区商城路518号	021－64280679
148	国新文化控股股份有限公司	上海市闵行区龙吴路4411号	021－64823549 021－64823552 010－68313202
149	东方明珠新媒体股份有限公司	上海市徐汇区宜山路757号百视通大厦	021－33396637
150	上海新黄浦实业集团股份有限公司	上海市黄浦区北京东路668号东楼32楼	021－63238888
151	上海金桥出口加工区开发股份有限公司	中国(上海)自由贸易试验区新金桥路28号	021－50307702
152	号百控股股份有限公司	上海市普陀区江宁路1207号20－21楼	021－62762171 021－62761969
153	上海万业企业股份有限公司	上海市浦东新区浦东大道720号9楼	021－50367718
154	申能股份有限公司	上海市闵行区虹井路159号5楼	021－33570888 021－63900642
155	上海爱建集团股份有限公司	上海市浦东新区泰谷路168号	021－64396600
156	上海同达创业投资股份有限公司	中国(上海)自由贸易试验区金新路58号2405－2411室	021－68871928 021－61638809 021－61638853
157	上海外高桥集团股份有限公司	上海市浦东新区杨高北路889号	021－51980848
158	上海城投控股股份有限公司	上海市浦东新区北艾路1540号	021－66981171 021－66981376
159	上海锦江国际实业投资股份有限公司	上海市浦东新区浦东大道1号	021－63218800

续表

序号	公司名称	地址	电话
160	上海飞乐音响股份有限公司	上海市嘉定区嘉新公路1001号7幢	021—34239651
161	上海游久游戏股份有限公司	上海市静安区石门二路333弄3号	021—64710022×8301 021—64710022×8105
162	中安科股份有限公司	上海市普陀区丹巴路28弄5,6号1楼	021—61070029
163	上海豫园旅游商城(集团)股份有限公司	上海市黄浦区文昌路19号	021—23029999 021—23028571
164	上海新南洋昂立教育科技股份有限公司	上海市徐汇区淮海西路55号11C	021—62818544 021—62811383 021—62814035
165	上海强生控股股份有限公司	上海市浦东新区浦建路145号	021—61353185 021—61353187
166	上海陆家嘴金融贸易区开发股份有限公司	上海市浦东新区浦东大道981号	021—33848788 021—33848801
167	中华企业股份有限公司	上海市静安区华山路2号	021—20772222
168	上海交运集团股份有限公司	上海市浦东新区曹路工业园区民冬路239号	021—63172168 021—63178257
169	上海凤凰企业(集团)股份有限公司	上海市金山区金山工业区开乐大街158号6号楼	021—32795679 021—32795656
170	中国石化上海石油化工股份有限公司	上海市金山区金一路48号	021—57943143 021—57933728
171	上海三毛企业(集团)股份有限公司	中国(上海)自由贸易试验区浦东大道1476号、1482号1401—1415室	021—63059496 021—63028180
172	上海亚通股份有限公司	上海市崇明区城桥镇八一路1号	021—69695918 021—39306212 021—39306201
173	上海绿庭投资控股集团股份有限公司	上海市松江区新松江路1800弄3号5楼东区	021—52716027
174	上海贵酒股份有限公司	上海市奉贤区南桥镇沪发路65弄1号	021—80133216 021—80134900
175	光明房地产集团股份有限公司	中国(上海)自由贸易试验区临港新片区丽正路1628号9幢2楼A—75室	021—32211128
176	上海爱旭新能源股份有限公司	上海市浦东新区秋月路26号4幢201—1室	0579—85912509
177	华域汽车系统股份有限公司	上海市静安区威海路489号	021—22011701
178	上海实业发展股份有限公司	上海市浦东新区浦东南路1085号华申大厦6楼	021—53858686
179	上海锦江国际酒店股份有限公司	上海市浦东新区杨高南路889号东锦江大酒店商住楼4楼(B区域)	021—63217132

续表

序号	公司名称	地　址	电　话
180	安信信托股份有限公司	上海市杨浦区控江路1553—1555号A座301室	021—63410710
181	中路股份有限公司	上海市浦东新区南六公路818号	021—52860258 021—61181898
182	上海耀皮玻璃集团股份有限公司	中国(上海)自由贸易试验区张东路1388号4—5幢	021—61633599 021—61633522
183	上海隧道工程股份有限公司	上海市徐汇区宛平南路1099号	021—65419590
184	上海物资贸易股份有限公司	上海市黄浦区南苏州路325号7楼	021—63231818×3201 021—63231818
185	上海世茂股份有限公司	上海市黄浦区南京西路268号	021—20203388
186	上海益民商业集团股份有限公司	上海市黄浦区淮海中路809号甲7楼	021—64339888
187	上海新华传媒股份有限公司	上海市闵行区剑川路951号5号楼1楼西侧	021—60376284
188	上海兰生股份有限公司	上海市浦东新区陆家嘴东路161号2602室	021—51991608 021—51991611 021—51991610
189	上海百联集团股份有限公司	上海市浦东新区张杨路501号11楼1101室	021—63223344 021—63229537
190	上海第一医药股份有限公司	上海市黄浦区南京东路616号	021—64337282
191	上海申通地铁股份有限公司	中国(上海)自由贸易试验区浦电路489号(由由燕乔大厦)5楼	021—54259953 021—54259971
192	上海机电股份有限公司	上海市浦东新区北张家浜路128号	021—68547168
193	上海易连实业集团股份有限公司	上海市浦东新区川周路7111号	021—68600836
194	海通证券股份有限公司	上海市黄浦区广东路689号海通证券大厦	021—23219000
195	上海九百股份有限公司	上海市静安区愚园路300号6楼D室	021—62729898 021—62569829 021—62569866
196	上海柴油机股份有限公司	上海市杨浦区军工路2636号	021—60652207 021—60652288
197	上工申贝(集团)股份有限公司	上海市浦东新区世纪大道1500号东方大厦12楼A—D室	021—68407515 021—68407700 021—68407392
198	上海宝信软件股份有限公司	中国(上海)自由贸易试验区郭守敬路515号	021—20378893
199	上海同济科技实业股份有限公司	上海市浦东新区栖山路33号	021—65985860

续表

序号	公司名称	地 址	电 话
200	上海临港控股股份有限公司	上海市松江区莘砖公路668号3楼	021-64855827
201	上海华东电脑股份有限公司	上海市嘉定区嘉罗公路1485号43号楼6楼	021-33390288 021-33390000
202	上海海欣集团股份有限公司	上海市松江区洞泾镇长兴路688号	021-57698100 021-63917000
203	上海妙可蓝多食品科技股份有限公司	上海市奉贤区金汇镇工业路899号8幢	021-50188700
204	上海张江高科技园区开发股份有限公司	上海市浦东新区龙东大道200号	021-38959000
205	东方证券股份有限公司	中国上海市黄浦区中山南路119号东方证券大厦	021-63326373 021-63325888
206	春秋航空股份有限公司	上海市长宁区定西路1558号(乙)	021-22353088
207	上海环境集团股份有限公司	上海市长宁区虹桥路1881号	021-63901005 021-32313295 021-52564780
208	国泰君安证券股份有限公司	中国(上海)自由贸易试验区商城路618号	021-38676798
209	上海银行股份有限公司	上海市浦东新区银城中路168号	021-68476988 021-68475888
210	环旭电子股份有限公司	上海市浦东新区张江高科技园区集成电路产业区张东路1558号	021-58968418
211	交通银行股份有限公司	上海市浦东新区银城中路188号	021-58766688
212	上海大智慧股份有限公司	中国(上海)自由贸易试验区郭守敬路498号浦东软件园14幢22301-130座	021-20219988×39117
213	上海电影股份有限公司	上海市徐汇区漕溪北路595号	021-33391000 021-33391188
214	中国太平洋保险(集团)股份有限公司	上海市黄浦区中山南路1号	021-58767282 021-33960000
215	上海医药集团股份有限公司	上海市浦东新区张江路92号	021-63730908
216	中国核工业建设股份有限公司	上海市青浦区蟠龙路500号	010-88306639 010-88306925 010-88306839
217	上海广电电气(集团)股份有限公司	上海市奉贤区环城东路123弄1号4幢3楼	021-67101661
218	中银国际证券股份有限公司	上海市浦东新区银城中路200号中银大厦39楼	021-20328000 021-20328208
219	上海华峰铝业股份有限公司	上海市金山区月工路1111号	021-67276665 021-67276833

续表

序号	公司名称	地　　址	电　　话
220	上海电气集团股份有限公司	上海市长宁区兴义路8号万都中心30楼	021－33261888
221	光大证券股份有限公司	上海市静安区新闸路1508号	021－22169999 021－22169914
222	红星美凯龙家居集团股份有限公司	上海市浦东新区临御路518号6楼F801室	021－52820220
223	中远海运发展股份有限公司	中国(上海)自由贸易试验区国贸大厦A－538室	021－65967333 021－65966105
224	招商局能源运输股份有限公司	中国(上海)自由贸易试验区西里路55号9楼912A室	021－68301260 0852－28597361
225	上海宝钢包装股份有限公司	上海市宝山区罗东路1818号	021－56766307
226	上海龙宇燃油股份有限公司	中国(上海)自由贸易试验区东方路710号25楼	021－58300945
227	上海联明机械股份有限公司	上海市浦东新区川沙路905号	021－58560017
228	上海北特科技股份有限公司	上海市嘉定区华亭镇高石路(北新村内)	021－62190266×666
229	上海创力集团股份有限公司	上海市青浦区工业园区崧复路1568号	021－59869999 021－59869117
230	爱普香料集团股份有限公司	上海市嘉定区曹新公路33号	021－66523100
231	上海新通联包装股份有限公司	上海市宝山区罗北路1238号	021－36535008
232	上海全筑建筑装饰集团股份有限公司	上海市青浦区朱家角镇沪青平公路6335号7幢461	021－33372630
233	上海凯众材料科技股份有限公司	上海市浦东新区建业路813号	021－58388958
234	上海泛微网络科技股份有限公司	上海市奉贤区环城西路3006号	021－68869298×8072 021－68869298×6109
235	德邦物流股份有限公司	上海市青浦区徐泾镇徐祥路316号1幢	021－39288106
236	博通集成电路(上海)股份有限公司	中国(上海)自由贸易试验区张东路1387号41幢101(复式)室2－3楼102(复式)室	021－51086811×8899
237	上海剑桥科技股份有限公司	上海市闵行区陈行公路2388号8幢501室	021－60904272
238	上海润达医疗科技股份有限公司	上海市金山区卫昌路1018号1号楼201室	021－68406213
239	上海华培动力科技(集团)股份有限公司	上海市青浦区崧秀路218号3幢厂房	021－31838505
240	港中旅华贸国际物流股份有限公司	上海市浦东新区浦东机场海天一路528号	021－63588811

续表

序号	公司名称	地 址	电 话
241	上海沪工焊接集团股份有限公司	上海市青浦区外青松路7177号	021－59715700
242	上海亚虹模具股份有限公司	上海市奉贤区沪杭公路732号	021－57595726
243	上海网达软件股份有限公司	中国（上海）自由贸易试验区川桥路409号	021－50306629 021－50301821
244	上海汇得科技股份有限公司	上海市金山区金山卫镇春华路180号	021－37285599 021－37285501
245	日播时尚集团股份有限公司	上海市松江区中山街道茸阳路98号	021－57783232×8877 021－57783232×8726
246	上海保隆汽车科技股份有限公司	上海市松江区沈砖公路5500号	021－31273333
247	上海洗霸科技股份有限公司	上海市嘉定区博学路138号6幢	021－65424668
248	上海爱婴室商务服务股份有限公司	中国（上海）自由贸易试验区浦东大道2123号3E－1157室	021－68470177
249	菲林格尔家居科技股份有限公司	上海市奉贤区林海公路7001号	021－67192899
250	格尔软件股份有限公司	上海市静安区江场西路299弄5号601室	021－62327010
251	上海移远通信技术股份有限公司	上海市徐汇区虹漕路25－1号2层193室	021－51086236
252	宏和电子材料科技股份有限公司	上海市浦东康桥工业区秀沿路123号	021－38299688×6666
253	上海雅仕投资发展股份有限公司	中国（上海）自由贸易试验区浦东南路855号33H室	021－68596223
254	上海天洋热熔粘接材料股份有限公司	上海市嘉定区南翔镇惠平路505号	021－69122665
255	上海水星家用纺织品股份有限公司	上海市奉贤区沪杭公路1487号	021－57435982
256	亚士创能科技（上海）股份有限公司	上海市青浦区工业园区新涛路28号综合楼3楼、4楼	021－59705888
257	上海风语筑文化科技股份有限公司	上海市静安区江场三路191、193号	021－56206468
258	恒为科技（上海）股份有限公司	上海市徐汇区乐山路33号103室	021－61002983
259	上海翔港包装科技股份有限公司	上海市浦东新区泥城镇翠波路299号	021－20979819×866
260	上海韦尔半导体股份有限公司	中国（上海）自由贸易试验区龙东大道3000号1幢C楼7楼	021－50805043
261	欧普照明股份有限公司	上海市浦东新区龙东大道6111号1幢411室	021－38550000×6720

续表

序号	公司名称	地 址	电 话
262	上海中谷物流股份有限公司	中国(上海)自由贸易试验区双惠路99号综合楼106室	021－31761722
263	上海荣泰健康科技股份有限公司	上海市青浦区朱枫公路1226号	021－59833669
264	艾艾精密工业输送系统(上海)股份有限公司	上海市静安区万荣路700号7幢A240室	021－65305209
265	地素时尚股份有限公司	上海市长宁区仙霞路579弄38号第2幢103室	021－31085111
266	中曼石油天然气集团股份有限公司	中国(上海)自由贸易试验区临港新片区南汇新城镇飞渡路2099号1幢1楼	021－61048060
267	上海徕木电子股份有限公司	上海市闵行区中春路7319号	021－67679072
268	上海畅联国际物流股份有限公司	中国(上海)自由贸易试验区冰克路500号5－6幢	021－20895888
269	彤程新材料集团股份有限公司	中国(上海)自由贸易试验区银城中路501号上海中心25楼2501室	021－62109966
270	上海璞泰来新能源科技股份有限公司	中国(上海)自由贸易试验区芳春路400号1幢301－96室	021－61902930
271	上海永冠众诚新材料科技(集团)股份有限公司	上海市青浦区朱家角工业园区康工路15号	021－59830677
272	上海锦和商业经营管理股份有限公司	上海市徐汇区田林路140号14号楼	021－52399283
273	上海晶华胶粘新材料股份有限公司	上海市松江区永丰街道大江路89号	021－31167522
274	上海至纯洁净系统科技股份有限公司	上海市闵行区紫海路170号	021－80238290
275	密尔克卫化工供应链服务股份有限公司	上海市虹口区嘉兴路260号1－4层的部分4层401室	021－80228498
276	上海海利生物技术股份有限公司	上海市奉贤区金海公路6720号	021－60890892
277	上海鸣志电器股份有限公司	上海市闵行区闵北工业区鸣嘉路168号	021－52634688
278	上海龙韵传媒集团股份有限公司	上海市松江区佘山三角街9号	021－58823977
279	上海岱美汽车内饰件股份有限公司	上海市浦东新区北蔡镇莲溪路1299号	021－68945881
280	上海来伊份股份有限公司	上海市松江区九亭镇久富路300号	021－51760952
281	科博达技术股份有限公司	中国(上海)自由贸易试验区祖冲之路2388号1－2幢	021－60978935
282	上海雅运纺织化工股份有限公司	上海市徐汇区银都路388号16幢275－278室	021－69136448

续表

序号	公司名称	地 址	电 话
283	华荣科技股份有限公司	上海市嘉定区宝钱公路555号	021－59999999
284	上海飞科电器股份有限公司	上海市松江区广富林东路555号	021－52858888×839
285	上海数据港股份有限公司	上海市静安区江场三路166号	021－31762188
286	上海吉祥航空股份有限公司	中国(上海)自由贸易试验区康桥东路8号	021－22388581 021－95520
287	上海元祖梦果子股份有限公司	上海市青浦区赵巷镇嘉松中路6088号	021－59755678
288	上海城地香江数据科技股份有限公司	上海市嘉定恒永路518弄1号B区502－1室	021－52806755
289	上海天永智能装备股份有限公司	上海市嘉定区外冈镇汇宝路555号3幢2楼A区	021－50675528
290	上海晨光文具股份有限公司	上海市奉贤区金钱公路3469号3号楼	021－57475621
291	上海金桥信息股份有限公司	上海市浦东新区郭守敬路498号12幢21302、21319室	021－33674997 021－33674396
292	上海威派格智慧水务股份有限公司	上海市嘉定区恒定路1号	021－69080885
293	上海克来机电自动化工程股份有限公司	上海市宝山区罗东路1555号4幢	021－33850028
294	上海康德莱企业发展集团股份有限公司	上海市嘉定区高潮路658号1幢2楼	021－69113502 021－69113503
295	上海至正道化高分子材料股份有限公司	上海市闵行区莘庄工业区元江路5050号	021－64095566 021－54155612
296	福然德股份有限公司	上海市宝山区潘泾路3759号(宝山工业园区)	021－66898529 021－66898558
297	上海沿浦金属制品股份有限公司	上海市闵行区浦江镇江凯路128号	021－64918973×8101
298	上海丽人丽妆化妆品股份有限公司	上海市松江区乐都西路825弄89、90号6楼618室	021－64663911
299	西上海汽车服务股份有限公司	上海市嘉定区恒裕路517号	021－62952682
300	上海健麾信息技术股份有限公司	上海市松江区中辰路299号1幢104室	021－58380355
301	上海起帆电缆股份有限公司	上海市金山区张堰镇振康路238号	021－37217999
302	中饮巴比食品股份有限公司	上海市松江区车墩镇茸江路785号	021－57797068
303	澜起科技股份有限公司	上海市徐汇区宜山路900号1幢A6	021－54679039

续表

序号	公司名称	地址	电话
304	中微半导体设备(上海)股份有限公司	上海市浦东新区金桥出口加工区(南区)泰华路188号	021-61001199
305	上海微创心脉医疗科技(集团)股份有限公司	上海市浦东新区康新公路3399弄1号	021-38139300
306	乐鑫信息科技(上海)股份有限公司	中国(上海)自由贸易试验区碧波路690号2号楼204室	021-61065218
307	安集微电子科技(上海)股份有限公司	上海市浦东新区华东路5001号金桥出口加工区(南区)T6-9幢底层	021-20693333 021-20693201
308	上海派能能源科技股份有限公司	中国(上海)自由贸易试验区祖冲之路887弄73号	021-31590029
309	上海凯赛生物技术股份有限公司	中国(上海)自由贸易试验区蔡伦路1690号5幢4楼	021-50801916
310	上海三友医疗器械股份有限公司	上海市嘉定区嘉定工业区汇荣路385号	021-58266088
311	申联生物医药(上海)股份有限公司	上海市闵行区江川东路48号	021-61257979×8213
312	晶晨半导体(上海)股份有限公司	中国(上海)自由贸易试验区碧波路518号207室	021-38165066
313	普元信息技术股份有限公司	中国(上海)自由贸易试验区碧波路456号4楼	021-58331900
314	聚辰半导体股份有限公司	中国(上海)自由贸易试验区松涛路647弄12号	021-50802030
315	上海硅产业集团股份有限公司	上海市嘉定区兴邦路755号3幢	021-52589038
316	东来涂料技术(上海)股份有限公司	上海市嘉定工业区新和路1221号	021-39538548
317	上海泰坦科技股份有限公司	上海市徐汇区钦州路100号1号楼1110室	021-51701699 021-61138555
318	上海先惠自动化技术股份有限公司	上海市松江区小昆山镇光华路518号三号厂房	021-57858808
319	优刻得科技股份有限公司	上海市杨浦区隆昌路619号10#B号楼201室	021-55509888×8188
320	上海步科自动化股份有限公司	中国(上海)自由贸易试验区申江路5709号,秋月路26号3幢北侧3楼	0755-86336477
321	上海阿拉丁生化科技股份有限公司	上海市奉贤区楚华支路809号	021-50560989
322	上海君实生物医药科技股份有限公司	中国(上海)自由贸易试验区海趣路36、58号2号楼13楼	021-22500300×1153
323	上海柏楚电子科技股份有限公司	上海市闵行区东川路555号乙楼1033室	021-64306968
324	上海美迪西生物医药股份有限公司	中国(上海)自由贸易试验区李冰路67弄5号楼	021-58591500

续表

序号	公司名称	地 址	电 话
325	上海奕瑞光电子科技股份有限公司	上海市浦东新区瑞庆路590号9幢2楼202室	021—50720560
326	上海宏力达信息技术股份有限公司	上海市松江区九亭中心路1158号11幢101、401室	021—33266008 021—64372067 021—64370283
327	上海复洁环保科技股份有限公司	上海市杨浦区国定路323号401—17室	021—55081682
328	三生国健药业（上海）股份有限公司	中国（上海）自由贸易试验区李冰路399号	021—80297676
329	上海昊海生物科技股份有限公司	上海市松江工业区洞泾路5号	021—52293555
330	上海晶丰明源半导体股份有限公司	中国（上海）自由贸易试验区张衡路666弄2号5楼504—511室	021—51870166
331	上海复旦张江生物医药股份有限公司	上海市浦东新区张江高科技园区蔡伦路308号	021—58953355 021—58553583
332	南亚新材料科技股份有限公司	上海市嘉定区南翔镇昌翔路158号	021—69178431
333	芯原微电子（上海）股份有限公司	中国（上海）自由贸易试验区春晓路289号张江大厦20A	021—51334800
334	上海艾力斯医药科技股份有限公司	中国（上海）自由贸易试验区张衡路1227号,哈雷路1118号1幢5楼	021—51371858
335	上纬新材料科技股份有限公司	上海市松江区松胜路618号	021—57746183×188
336	上海新致软件股份有限公司	中国（上海）自由贸易试验区峨山路91弄98号（软件园1号楼）第4层至第6层	021—51105633
337	上海正帆科技股份有限公司	上海市闵行区春永路55号2幢	021—54428800 021—54428800×6187
338	恒玄科技（上海）股份有限公司	中国（上海）自由贸易试验区临港新片区环湖西二路800号904室	021—68771788×6666
339	中芯国际集成电路制造有限公司	Cricket Square, Hutchins Drive, P. O. Box 2681, Grand Cayman KY1—1111, Cayman Islands	021—38610000 021—20812800 021—20812804
340	上海锦江国际旅游股份有限公司	上海市黄浦区延安东路100号联谊大厦27楼	021—63299090 021—63264000
341	上海汇丽建材股份有限公司	上海市浦东新区周浦镇横桥路406号1幢213室	021—58138717
342	恒天凯马股份有限公司	上海市浦东新区商城路660号	021—52046658 021—52046604
343	上海凌云实业发展股份有限公司	上海市浦东新区源深路1088号葛洲坝大厦12楼1201室	021—68400880

表 12.2　　　　　　　　　　　　2020 年末上海地区新三板挂牌公司名录

序号	公司名称	序号	公司名称
1	上海华岭集成电路技术股份有限公司	2	上海伊秀餐饮管理股份有限公司
3	上海新眼光医疗器械股份有限公司	4	上海茂昂智能科技股份有限公司
5	上海科曼车辆部件系统股份有限公司	6	毕埃慕(上海)建筑数据技术股份有限公司
7	腾龙电子技术(上海)股份有限公司	8	上海邑通道具股份有限公司
9	上海科新生物技术股份有限公司	10	上海乐蜀网络科技股份有限公司
11	点点客信息技术股份有限公司	12	上海特锐艺术展览服务股份有限公司
13	上海白虹软件科技股份有限公司	14	百姓网股份有限公司
15	上海宇昂水性新材料科技股份有限公司	16	上海喜喜母婴护理服务股份有限公司
17	上海建中医疗器械包装股份有限公司	18	上海浦海求实电力新技术股份有限公司
19	上海风格信息技术股份有限公司	20	上海五星铜业股份有限公司
21	上海伊禾农产品科技发展股份有限公司	22	上海三环节能科技发展股份有限公司
23	上海绿岸网络科技股份有限公司	24	上海博加信息科技股份有限公司
25	上海翼捷工业安全设备股份有限公司	26	上海万怡医学科技股份有限公司
27	上海普华科技发展股份有限公司	28	上海控创信息技术股份有限公司
29	上海易同科技股份有限公司	30	上海馋神国际贸易股份有限公司
31	上海新网程信息技术股份有限公司	32	上海瑞一医药科技股份有限公司
33	世富光伏宝(上海)环保科技股份有限公司	34	上海良基博方汽车发动机零部件制造股份有限公司
35	上海永天科技股份有限公司	36	上海蓝梦广告传播股份有限公司
37	上海晟矽微电子股份有限公司	38	上海麦广互娱文化传媒股份有限公司
39	上海土友生物科技股份有限公司	40	上海宝信建设咨询股份有限公司
41	上海东岩机械股份有限公司	42	上海博为峰软件技术股份有限公司
43	上海奉天电子股份有限公司	44	上海留成网信息技术股份有限公司
45	上海辰光医疗科技股份有限公司	46	上海欧普泰科技创业股份有限公司
47	上海巨灵信息技术股份有限公司	48	上海博迅医疗生物仪器股份有限公司
49	上海四维文化传媒股份有限公司	50	商客通尚景科技(上海)股份有限公司
51	上海欧萨评价咨询股份有限公司	52	上海广奕电子科技股份有限公司
53	上海致远绿色能源股份有限公司	54	世仓智能仓储设备(上海)股份有限公司
55	上海科洋科技股份有限公司	56	上海环能新科节能科技股份有限公司
57	上海银音信息科技股份有限公司	58	律云(上海)数据科技股份有限公司
59	优网科技(上海)股份有限公司	60	上海旗华水上工程建设股份有限公司
61	上海鼎晖科技股份有限公司	62	上海津力药业股份有限公司
63	上海百傲科技股份有限公司	64	上海丁义兴食品股份有限公司
65	上海雷腾软件股份有限公司	66	朗华全能自控设备(上海)股份有限公司
67	上海基美影业股份有限公司	68	上海爱用科技股份有限公司
69	上海上电电机股份有限公司	70	上海锦元黄金珠宝股份有限公司
71	上海明波通信技术股份有限公司	72	上海涨稻文化传播股份有限公司
73	上海昂盛智能工程股份有限公司	74	上海宝亚安全装备股份有限公司

续表

序号	公司名称	序号	公司名称
75	上海金政科技股份有限公司	76	上海储融检测技术股份有限公司
77	上海长合信息技术股份有限公司	78	上海优爱宝智能机器人科技股份有限公司
79	上海易城工程顾问股份有限公司	80	上海功途教育科技股份有限公司
81	上海华之邦科技股份有限公司	82	上海塔人网络科技股份有限公司
83	上海永继电气股份有限公司	84	汉亦盛数据系统(上海)股份有限公司
85	上海飞田通信股份有限公司	86	上海安师傅汽车服务股份有限公司
87	上海数聚软件系统股份有限公司	88	上海天信网络科技股份有限公司
89	上海亚杜润滑材料股份有限公司	90	上海经邦东学教育科技股份有限公司
91	上海弘陆物流设备股份有限公司	92	上海怡力信息科技股份有限公司
93	上海长信科技股份有限公司	94	上海奕方农业科技股份有限公司
95	上海合胜计算机科技股份有限公司	96	上海和伍精密仪器股份有限公司
97	上海希奥信息科技股份有限公司	98	上海赫得环境科技股份有限公司
99	上海华江企业管理股份有限公司	100	汉盛(上海)海洋装备技术股份有限公司
101	展唐助拍(上海)科技股份有限公司	102	上海爱车坊网络科技股份有限公司
103	上海法普罗新材料股份有限公司	104	典扬传媒(上海)股份有限公司
105	上海菱博电子技术股份有限公司	106	上海亿翰商务咨询股份有限公司
107	上海景格科技股份有限公司	108	上海孙桥溢佳农业技术股份有限公司
109	派芬自控(上海)股份有限公司	110	上海太德励拓互联网科技股份有限公司
111	上海摩威环境科技股份有限公司	112	上海良时智能科技股份有限公司
113	上海底特精密紧固件股份有限公司	114	上海环钻环保科技股份有限公司
115	上海青鹰实业股份有限公司	116	上海盛视天橙传媒股份有限公司
117	莱博药妆技术(上海)股份有限公司	118	上海天谷生物科技股份有限公司
119	上海金豹实业股份有限公司	120	上海东西万方教育科技股份有限公司
121	上海财安金融服务集团股份有限公司	122	上海贺鸿电子科技股份有限公司
123	上海派尔科化工材料股份有限公司	124	上海道脉节能科技股份有限公司
125	上海现代环境工程技术股份有限公司	126	上海百业安全装备科技股份有限公司
127	上海天佑铁道新技术研究所股份有限公司	128	上海玖悦文化传播股份有限公司
129	上海天跃科技股份有限公司	130	上海泰祺教育培训股份有限公司
131	上海谊盛实业股份有限公司	132	中电科微波通信(上海)股份有限公司
133	上海鸿图建筑设计股份有限公司	134	上海南洋电工器材股份有限公司
135	上海光维通信技术股份有限公司	136	上海锐邦文化传播股份有限公司
137	上海美诺福科技股份有限公司	138	大道网络(上海)股份有限公司
139	威尔凯电气(上海)股份有限公司	140	上海朗骏智能科技股份有限公司
141	上海易之景和环境技术股份有限公司	142	每日科技(上海)股份有限公司
143	上海艾融软件股份有限公司	144	上海环境节能工程股份有限公司
145	上海沃迪智能装备股份有限公司	146	上海晨达人力资源股份有限公司
147	上海海魄信息科技股份有限公司	148	上海恒锐智能工程股份有限公司

续表

序号	公司名称	序号	公司名称
149	上海亚泽实业股份有限公司	150	上海华菱电站成套设备股份有限公司
151	上海复展智能科技股份有限公司	152	上海添庆网络科技股份有限公司
153	上海网波软件股份有限公司	154	上海狮华信息技术服务股份有限公司
155	上海海阳保安服务股份有限公司	156	上海超固投资股份有限公司
157	上海裕荣光电科技股份有限公司	158	上海盛本智能科技股份有限公司
159	上海君山表面技术工程股份有限公司	160	上海乔盈酒店管理股份有限公司
161	上海明硕供应链管理股份有限公司	162	上海东华美钻股份有限公司
163	上海艾录包装股份有限公司	164	上海量子花光艺科技股份有限公司
165	上海鹏盾电子商务股份有限公司	166	上海世昕软件股份有限公司
167	上海金友金弘智能电气股份有限公司	168	捷众广告(上海)股份有限公司
169	上海银橙科技股份有限公司	170	上海巨臣婴童服饰股份有限公司
171	上海英特罗机械电气制造股份有限公司	172	上海广远电子技术股份有限公司
173	上海景睿营销策划股份有限公司	174	上海意利信息科技股份有限公司
175	上海浩驰科技股份有限公司	176	上海北漠景观幕墙科技股份有限公司
177	上海北塔软件股份有限公司	178	上海耀鸿科技股份有限公司
179	上海埃林哲软件系统股份有限公司	180	上海芯哲微电子科技股份有限公司
181	上海优粒科技股份有限公司	182	上海北裕分析仪器股份有限公司
183	上海易销科技股份有限公司	184	上海异瀚数码股份有限公司
185	腾远食品(上海)股份有限公司	186	上海领灿投资咨询股份有限公司
187	上海力阳道路加固科技股份有限公司	188	上海嘉捷通电路股份有限公司
189	上海欣影电力科技股份有限公司	190	安洁士环保(上海)股份有限公司
191	上海全胜物流股份有限公司	192	上海优景智能股份有限公司
193	上海浩祯文化发展股份有限公司	194	上海云多科技股份有限公司
195	上海远洲管业科技股份有限公司	196	中仿智能科技(上海)股份有限公司
197	上海瑞纽机械股份有限公司	198	上海轻叶能源股份有限公司
199	上海圣博华康文化创意投资股份有限公司	200	上海联陆实业股份有限公司
201	上海洁昊环保股份有限公司	202	中钢银通电子商务股份有限公司
203	上海尊马汽车管件股份有限公司	204	上海建业信息科技股份有限公司
205	上海聚宝网络科技股份有限公司	206	上海泽鑫电力科技股份有限公司
207	上海双申医疗器械股份有限公司	208	上海汇蓝农业股份有限公司
209	祺景(上海)光电科技股份有限公司	210	上海中主信息科技股份有限公司
211	上海松科快换自动化股份有限公司	212	上海瀚正信息股份有限公司
213	上海天悦实业发展股份有限公司	214	上海埃维汽车技术股份有限公司
215	上海海希工业通讯股份有限公司	216	中宝环保科技(上海)股份有限公司
217	上海安畅网络科技股份有限公司	218	上海梁江通信系统股份有限公司
219	上海海典软件股份有限公司	220	上海易知信息科技股份有限公司
221	上海信易信息科技股份有限公司	222	上海旋荣科技股份有限公司

续表

序号	公司名称	序号	公司名称
223	上海普适导航科技股份有限公司	224	上海俊芮网络科技股份有限公司
225	上海竞天科技股份有限公司	226	上海新实数码科技股份有限公司
227	上海南麟电子股份有限公司	228	上海腾盛智能安全科技股份有限公司
229	上海智通建设发展股份有限公司	230	上海中研宏科软件股份有限公司
231	上海帝联信息科技股份有限公司	232	上海远播教育科技集团股份有限公司
233	中境建工集团(上海)智能科技股份有限公司	234	上海迪欤品牌设计股份有限公司
235	上海快易名商企业发展股份有限公司	236	上海惠岚科技股份有限公司
237	上海光和光学制造股份有限公司	238	上海轶德医疗科技股份有限公司
239	上海复娱文化传播股份有限公司	240	荣德铵家(上海)建材股份有限公司
241	上海科特新材料股份有限公司	242	上海圣剑网络科技股份有限公司
243	上海华燕房盟网络科技股份有限公司	244	上海赛若福信息科技股份有限公司
245	中晟光电设备(上海)股份有限公司	246	上海柯创文化传播股份有限公司
247	上海绩优机电股份有限公司	248	淳博(上海)文化传播股份有限公司
249	盛世大联在线保险代理股份有限公司	250	上海睿路文化传播股份有限公司
251	上海张铁军翡翠股份有限公司	252	上海海高通信股份有限公司
253	上海富翊装饰工程股份有限公司	254	上海新联纬讯科技发展股份有限公司
255	上海未来宽带技术股份有限公司	256	上海贯康健康科技股份有限公司
257	上海雷博司电气股份有限公司	258	上海鼎尚中式家具股份有限公司
259	上海科致电气自动化股份有限公司	260	上海泰缘生物科技股份有限公司
261	上海热像科技股份有限公司	262	上海色如丹数码科技股份有限公司
263	上海合富新材料科技股份有限公司	264	上海安居乐环保科技股份有限公司
265	上海仙剑文化传媒股份有限公司	266	上海澜创科技股份有限公司
267	上海麒润文化传播股份有限公司	268	上海尊优自动化设备股份有限公司
269	上海三高计算机中心股份有限公司	270	上海超高环保科技股份有限公司
271	上海青浦资产经营股份有限公司	272	上海亮威照明科技股份有限公司
273	上海知音音乐文化股份有限公司	274	上海七通智能科技股份有限公司
275	上海唯尔福集团股份有限公司	276	上海今鼎矿产品股份有限公司
277	上海微企信息技术股份有限公司	278	上海金鑫计算机系统工程股份有限公司
279	上海山源电子科技股份有限公司	280	上海至胜智能科技股份有限公司
281	上海宜瓷龙新材料股份有限公司	282	上海远茂企业发展股份有限公司
283	上海和创化学股份有限公司	284	上海润杰通信科技股份有限公司
285	上海行动教育科技股份有限公司	286	邦奇智能科技(上海)股份有限公司
287	上海佳友文化科技股份有限公司	288	上海亚玫标签股份有限公司
289	上海梦地工业自动控制系统股份有限公司	290	华乘电气科技股份有限公司
291	上海亿格企业管理咨询股份有限公司	292	上海瑞铂慧家科技集团股份有限公司
293	上海创远仪器技术股份有限公司	294	上海盛蒂斯自动化设备股份有限公司
295	上海埃蒙迪材料科技股份有限公司	296	君旺节能科技股份有限公司

续表

序号	公司名称	序号	公司名称
297	上海北泰实业股份有限公司	298	上海捷鑫网络科技股份有限公司
299	上海博玺电气股份有限公司	300	上海安继行信息技术股份有限公司
301	上海安谱实验科技股份有限公司	302	上海慧彤旅游股份有限公司
303	上海奇想青晨新材料科技股份有限公司	304	上海创至计算机科技股份有限公司
305	上海鸿辉光通科技股份有限公司	306	上海铁峰新材料股份有限公司
307	上海浩亚智能科技股份有限公司	308	上海太伟药业股份有限公司
309	上海谊熙加品牌管理股份有限公司	310	上海中置颐合养老服务股份有限公司
311	上海天涌影视传媒股份有限公司	312	上海赤马广告传媒股份有限公司
313	上海秦森园林股份有限公司	314	上海大牧汗食品股份有限公司
315	上海众深科技股份有限公司	316	用友汽车信息科技(上海)股份有限公司
317	首帆动力科技股份有限公司	318	上海昂克文化传媒股份有限公司
319	罗美特(上海)自动化仪表股份有限公司	320	上海华绍文化传播股份有限公司
321	上海美力新建筑装饰股份有限公司	322	上海伟隆机械设备股份有限公司
323	上海辉文生物技术股份有限公司	324	上海新研工业设备股份有限公司
325	希雅图(上海)新材料科技股份有限公司	326	上海鹰峰电子科技股份有限公司
327	该云(上海)科技股份有限公司	328	上海凌立健康管理股份有限公司
329	月旭科技(上海)股份有限公司	330	上海艾策通讯股份有限公司
331	上海向明轴承股份有限公司	332	上海匡宇科技股份有限公司
333	上海商会网网络集团股份有限公司	334	上海宏灿信息科技股份有限公司
335	上海金蓝络科技信息系统股份有限公司	336	上海创旗天下科技股份有限公司
337	上海安技智能科技股份有限公司	338	上海博阳新能源科技股份有限公司
339	上海利策科技股份有限公司	340	上海人人游戏科技发展股份有限公司
341	上海阿波罗机械股份有限公司	342	上海虎巴网络科技股份有限公司
343	上海青禾服装股份有限公司	344	申朴信息技术(上海)股份有限公司
345	上海华源磁业股份有限公司	346	上海源悦汽车电子股份有限公司
347	上海铂宝集团股份有限公司	348	云轻行网络科技(上海)股份有限公司
349	上海创侨实业股份有限公司	350	上海盈达空调设备股份有限公司
351	上海百胜软件股份有限公司	352	上海蓝凡网络科技股份有限公司
353	上海禾泰特种润滑科技股份有限公司	354	华威粘结材料(上海)股份有限公司
355	上海杰易森股份有限公司	356	上海越衡软件股份有限公司
357	商安信(上海)企业发展股份有限公司	358	上海宏银信息科技股份有限公司
359	中天科盛(上海)企业发展股份有限公司	360	上海有金人家金银珠宝股份有限公司
361	保正(上海)供应链管理股份有限公司	362	上海普英特高层设备股份有限公司
363	惠柏新材料科技(上海)股份有限公司	364	紫灿科技(上海)股份有限公司
365	上海博杰科技股份有限公司	366	上海群康沥青科技股份有限公司
367	益盟股份有限公司	368	上海颐尚电气科技股份有限公司
369	上海龙创汽车设计股份有限公司	370	上海艾维科阀门股份有限公司

续表

序号	公司名称	序号	公司名称
371	上海立昌环境科技股份有限公司	372	上海立峰汽车传动件股份有限公司
373	上海思亮信息技术股份有限公司	374	上海罗富蒂曼控制工程股份有限公司
375	上海誉德动力技术集团股份有限公司	376	上海地面通信息网络股份有限公司
377	上海新世傲文化传播股份有限公司	378	上海弘盛特种阀门制造股份有限公司
379	上海仰邦科技股份有限公司	380	上海信隆行信息科技股份有限公司
381	上海乐骋国际旅行社股份有限公司	382	上海骏恺环境工程股份有限公司
383	上海企源科技股份有限公司	384	德耐尔节能科技(上海)股份有限公司
385	上海剧星传媒股份有限公司	386	上海季丰电子股份有限公司
387	上海希尔企业管理咨询股份有限公司	388	上海东泽环境科技股份有限公司
389	上海星畔网络科技股份有限公司	390	明辉大秦(上海)环保科技股份有限公司
391	上海艾为电子技术股份有限公司	392	渤海期货股份有限公司
393	上海悦高软件股份有限公司	394	上海康晟航材科技股份有限公司
395	上海威贸电子股份有限公司	396	上海普瑾特信息技术服务股份有限公司
397	上海利隆新媒体股份有限公司	398	上海良讯科技股份有限公司
399	上海运鹏高科技股份有限公司	400	上海佳锐信息科技股份有限公司
401	上海童石网络科技股份有限公司	402	上海麦腾永联众创空间管理股份有限公司
403	上海众引文化传播股份有限公司	404	昌顺烘焙科技(上海)股份有限公司
405	上海国瑞环保科技股份有限公司	406	上海校外宝教育科技股份有限公司
407	上海博丹环境工程技术股份有限公司	408	上海高更食品科技股份有限公司
409	上海凯科管业科技股份有限公司	410	上海中兴易联通讯股份有限公司
411	上海花嫁丽舍婚庆股份有限公司	412	上海复旦上科多媒体股份有限公司
413	上海泉欣织造新材料股份有限公司	414	上海市中智能停车股份有限公司
415	施勒智能科技(上海)股份有限公司	416	上海亿诺焊接股份有限公司
417	上海雷诺尔科技股份有限公司	418	上海旗升电气股份有限公司
419	上海乐通通信设备(集团)股份有限公司	420	上海大漠电子科技股份有限公司
421	上海新大陆翼码信息科技股份有限公司	422	上海路博减振科技股份有限公司
423	上海邦诚电信技术股份有限公司	424	上海朗涛贸易股份有限公司
425	上海吉联新软件股份有限公司	426	乾丰供应链(上海)股份有限公司
427	上海张江超艺多媒体系统股份有限公司	428	上海水威环境技术股份有限公司
429	上海未来企业股份有限公司	430	中智关爱通(上海)科技股份有限公司
431	上海卓易科技股份有限公司	432	上海风炫文化传媒股份有限公司
433	望湘园(上海)餐饮管理股份有限公司	434	广芯电子技术(上海)股份有限公司
435	上海爱扑网络科技股份有限公司	436	上海易可文化发展股份有限公司
437	上海寰创通信科技股份有限公司	438	上海泽生科技开发股份有限公司
439	上海棠棣信息科技股份有限公司	440	上海万雍科技股份有限公司
441	上海源培生物科技股份有限公司	442	上海华魏科技股份有限公司
443	上海申龙可信数字科技股份有限公司	444	上海光华永盛消防智能系统股份有限公司

续表

序号	公司名称	序号	公司名称
445	上海携宁计算机科技股份有限公司	446	上海同造欧式建筑科技股份有限公司
447	上海时光科技股份有限公司	448	上海基胜能源股份有限公司
449	上海道盾科技股份有限公司	450	上海森宇文化传媒股份有限公司
451	上海琪瑜光电科技股份有限公司	452	上海凯淳实业股份有限公司
453	上海天狐创意设计股份有限公司	454	上海水石建筑规划设计股份有限公司
455	上海御康医疗发展股份有限公司	456	上海韶华文化传播股份有限公司
457	上海司南卫星导航技术股份有限公司	458	上海丽正科技股份有限公司
459	上海浦敏科技发展股份有限公司	460	上海利林商业经营管理股份有限公司
461	上海方心健康科技发展股份有限公司	462	上海鸿网供应链股份有限公司
463	上海蓝灯数据科技股份有限公司	464	上海爱护网信息科技发展股份有限公司
465	上海游戏多网络科技股份有限公司	466	上海美嘉林软件科技股份有限公司
467	上海营邑城市规划设计股份有限公司	468	茂盟(上海)工程技术股份有限公司
469	上海通领汽车科技股份有限公司	470	上海音明智能科技股份有限公司
471	上海恒精感应科技股份有限公司	472	上海奥哲文化传播股份有限公司
473	上海灵信视觉技术股份有限公司	474	五五海淘(上海)科技股份有限公司
475	上海厚谊俊捷国际物流发展股份有限公司	476	上海星联智创智能科技股份有限公司
477	上海迈动医疗器械股份有限公司	478	上海经纬建筑规划设计研究院股份有限公司
479	永诚财产保险股份有限公司	480	上海莘阳新能源科技股份有限公司
481	上海上讯信息技术股份有限公司	482	上海睿通机器人自动化股份有限公司
483	上海华通自动化设备股份有限公司	484	上海摩特威尔自控设备工程股份有限公司
485	天风期货股份有限公司	486	上海乐派特机电科技股份有限公司
487	上海捷信医药科技股份有限公司	488	上海北分科技股份有限公司
489	慧云新科技股份有限公司	490	上海纬而视科技股份有限公司
491	上海绿度信息科技股份有限公司	492	上海八通生物科技股份有限公司
493	上海融航信息技术股份有限公司	494	上海厦航物联网科技股份有限公司
495	上海锐英科技股份有限公司	496	上海大数文化传媒股份有限公司
497	上海苏河汇科技服务股份有限公司	498	上海钰景园林股份有限公司
499	上海源耀农业股份有限公司	500	上海天诚通信技术股份有限公司
501	好买财富管理股份有限公司	502	上海闵龙品牌管理股份有限公司
503	顶柱检测技术(上海)股份有限公司	504	上海共添市场营销服务股份有限公司
505	上海孔诚物联网科技股份有限公司	506	上海惠而顺精密工具股份有限公司
507	上海我享网络信息科技股份有限公司	508	上海氟聚化学产品股份有限公司
509	美茵健康科技(上海)股份有限公司	510	上海宽惠网络科技股份有限公司
511	上海猫诚电子商务股份有限公司	512	上海睿中实业股份有限公司
513	上海蓝色星球科技股份有限公司	514	上海乐誓科技股份有限公司
515	上海曼恒数字技术股份有限公司	516	上海云飞扬文化传播股份有限公司
517	上海鸿冠信息科技股份有限公司	518	上海西信信息科技股份有限公司

续表

序号	公司名称	序号	公司名称
519	上海龙腾科技股份有限公司	520	上海特力洁环境科技股份有限公司
521	上海河马文化科技股份有限公司	522	上海农好饲料股份有限公司
523	上海星光电影股份有限公司	524	上海玉城高分子材料股份有限公司
525	上海鸿晔电子科技股份有限公司	526	泰铂（上海）环保科技股份有限公司
527	上海置辰智慧建筑集团股份有限公司	528	上海罗特钢带系统股份有限公司
529	上海莘泽创业投资管理股份有限公司	530	上海捷儿金科技股份有限公司
531	上海泓源建筑工程科技股份有限公司	532	上海新域系统集成股份有限公司
533	上海名传信息技术股份有限公司	534	上海知韬文化创意股份有限公司
535	上海东方网股份有限公司	536	上海生农生化制品股份有限公司
537	上海金陵电机股份有限公司	538	上海昱品通信科技股份有限公司
539	上海士诺健康科技股份有限公司	540	权星智控系统工程（上海）股份有限公司
541	上海至臻文化传媒股份有限公司	542	上海格瑞特科技实业股份有限公司
543	上海声望声学科技股份有限公司	544	上海铁大电信科技股份有限公司
545	上海清鹤科技股份有限公司	546	上海永乐聚河供应链管理股份有限公司
547	中实投（上海）能源科技股份有限公司	548	上海怡申科技股份有限公司
549	上海柏科管理咨询股份有限公司	550	海通期货股份有限公司
551	社忧（上海）网络技术股份有限公司	552	上海融利网络科技股份有限公司
553	上海炫伍科技股份有限公司	554	云朵实业（上海）股份有限公司
555	上海网映文化传播股份有限公司	556	电计科技研发（上海）股份有限公司
557	上海悦游网络信息科技股份有限公司	558	上海凯工阀门股份有限公司
559	上海雷珏信息科技股份有限公司	560	有行鲨鱼（上海）科技股份有限公司
561	上海晨辉科技股份有限公司	562	上海慈瑞医药科技股份有限公司
563	上海意迪尔科技股份有限公司	564	上海乐刚供应链股份有限公司
565	上海互普信息技术股份有限公司	566	上海雷霆生物科技股份有限公司
567	上海新数网络科技股份有限公司	568	万司信息技术（上海）股份有限公司
569	上海上亿传媒股份有限公司	570	上海宜通海洋科技股份有限公司
571	上海战诚电子科技股份有限公司	572	上海大茂晟科技股份有限公司
573	上海中加飞机机载设备维修股份有限公司	574	上海奥狮网络科技股份有限公司
575	上海智子信息科技股份有限公司	576	上海晏鼠计算机技术股份有限公司
577	上海旺翔文化传媒股份有限公司	578	上海雄博精密仪器股份有限公司
579	上海洁润丝新材料股份有限公司	580	克立司帝控制系统（上海）股份有限公司
581	上海钢银电子商务股份有限公司	582	上海置荟谷信息科技股份有限公司
583	上海顺舟智能科技股份有限公司	584	竞成云芯（上海）互联网科技股份有限公司
585	西屋港能企业（上海）股份有限公司	586	上海源惠电气自动化工程股份有限公司
587	上海兴诺康纶纤维科技股份有限公司	588	上海易具精密工具股份有限公司
589	上海汇检菁英科技股份有限公司	590	上海清远管业科技股份有限公司
591	上海长望气象科技股份有限公司	592	上海阳淳电子股份有限公司

续表

序号	公司名称	序号	公司名称
593	上海真灼科技股份有限公司	594	上海双鸥环境服务股份有限公司
595	上海春风物流股份有限公司	596	上海强华实业股份有限公司
597	上海华创自动化工程股份有限公司	598	上海郡谷文化传播股份有限公司
599	上海赛孚燃料检测股份有限公司	600	上海硕恩网络科技股份有限公司
601	上海瀚联医疗技术股份有限公司	602	上海达攀印刷科技股份有限公司
603	上海延华生物科技股份有限公司	604	上海永通生态工程股份有限公司
605	上海盛世荣恩医疗投资管理集团股份有限公司	606	上海宁远精密机械股份有限公司
607	意天物联网股份(上海)有限公司	608	畅越飞平有色金属储运(上海)股份有限公司
609	上海唐年实业股份有限公司	610	上海中基国威电子股份有限公司
611	上海翔川网络科技股份有限公司	612	左成(上海)新材料科技发展股份有限公司
613	上海绿联软件股份有限公司	614	上海隆驰汽车用品股份有限公司
615	上海走客网络科技股份有限公司	616	上海威特力焊接设备制造股份有限公司
617	上海牛帆数据科技股份有限公司	618	上海华东拆车股份有限公司
619	神角智能科技股份有限公司	620	上海朗晖化工股份有限公司
621	上海手乐电子商务股份有限公司	622	上海睿观博光电科技股份有限公司
623	上海捷林工业科技股份有限公司	624	上海百程商务服务股份有限公司
625	福利斯特森林电气设备贸易(上海)股份有限公司	626	上海百理新材料科技股份有限公司
627	上海延庆环保科技股份有限公司	628	上海雨吉文化传媒股份有限公司
629	上海筑想信息科技股份有限公司	630	上海俪迈供应链股份有限公司
631	上海鸠申文化传播股份有限公司	632	上海奉贤燃气股份有限公司
633	上海凌脉网络科技股份有限公司	634	上海华齿口腔医院投资管理股份有限公司
635	上海浩林文化传播股份有限公司	636	上海威锐电子科技股份有限公司
637	奕通信息科技(上海)股份有限公司	638	上海极扬文化传媒股份有限公司
639	上海深井泵厂股份有限公司	640	上海聚脉文化传播股份有限公司
641	上海皿鎏软件股份有限公司	642	上海欧亚合成材料股份有限公司
643	上海众幸防护科技股份有限公司	644	上海美农生物科技股份有限公司
645	上海景鸿国际物流股份有限公司	646	上海锐至信息技术股份有限公司
647	上海汉神机电股份有限公司		

表 12.3　　　　　　　　2020 年末上海地区证券公司名录

序号	公司名称	地　址	电　话
1	爱建证券有限责任公司	中国(上海)自由贸易试验区世纪大道 1600 号 1 幢 32 楼	021－32229888
2	长江证券承销保荐有限公司	中国(上海)自由贸易试验区世纪大道 1198 号 28 楼	021－61118978
3	德邦证券股份有限公司	上海市普陀区曹杨路 510 号南半幢 9 楼	021－68761616

续表

序号	公司名称	地 址	电 话
4	东方证券承销保荐有限公司	上海市黄浦区中山南路318号24楼	021－23153888
5	东方证券股份有限公司	上海市黄浦区中山南路119号东方证券大厦	021－63325888
6	光大证券股份有限公司	上海市静安区新闸路1508号	021－22169999
7	国泰君安证券股份有限公司	中国(上海)自由贸易试验区商城路618号	021－38676666
8	海通证券股份有限公司	上海市黄浦区广东路689号	021－23219300
9	华宝证券有限责任公司	中国(上海)自由贸易试验区世纪大道100号环球金融中心57楼	021－68777222
10	华金证券股份有限公司	中国(上海)自由贸易试验区杨高南路759号30楼	021－20655588
11	华兴证券有限公司	上海市虹口区吴淞路575号2501室	021－60156666
12	民生证券股份有限公司	中国(上海)自由贸易试验区世纪大道1168号B座2101、2104A室	95376
13	摩根大通证券(中国)有限公司	中国(上海)自由贸易试验区银城中路501号4901—4908室	021－61066000
14	摩根士丹利华鑫证券有限责任公司	中国(上海)自由贸易试验区世纪大道100号环球金融中心75楼75T30室	021－20336000
15	上海证券有限责任公司	上海市黄浦区四川中路213号7楼	021－53686888
16	申港证券股份有限公司	中国(上海)自由贸易试验区世纪大道1589号长泰国际金融大厦16、22、23楼	021－20639666
17	申万宏源证券有限公司	上海市徐汇区长乐路989号45楼	021－33389888
18	野村东方国际证券有限公司	上海市黄浦区淮海中路381号中环广场10楼	021－66199000
19	中银国际证券股份有限公司	上海市浦东新区银城中路200号中银大厦39楼	021－20328000
20	长江证券(上海)资产管理有限公司	上海市浦东新区世纪大道1198号世纪汇一座27楼	95579
21	东证融汇证券资产管理有限公司	上海市浦东新区新金桥路255号540室	021－20361067
22	华泰证券(上海)资产管理有限公司	上海市浦东新区基隆路6号1222室	4008895597
23	上海东方证券资产管理有限公司	上海市黄浦区中山南路318号2号楼31楼	021－63325888
24	上海光大证券资产管理有限公司	上海市浦东新区杨高南路799号3号楼26楼	021－22169999

续表

序号	公司名称	地　　址	电　　话
25	上海国泰君安证券资产管理有限公司	上海市黄浦区南苏州路381号409A10室	021－38676666
26	上海海通证券资产管理有限公司	上海市黄浦区广东路689号32楼	021－23219000
27	中泰证券(上海)资产管理有限公司	上海市黄浦区延安东路175号24楼05室	021－20521111
28	上海甬兴证券资产管理有限公司	上海市黄浦区北京东路666号H区(东座)6楼H671	021－63898529
29	天风(上海)证券资产管理有限公司	上海市虹口区东大名路678号5楼	021－68815012
30	德邦证券资产管理有限公司	上海市普陀区中山北路2918号11楼1101室	021－68761616

表12.4　　2020年末上海地区期货公司名录

序号	公司名称	地　　址	电　　话
1	渤海期货股份有限公司	中国(上海)自由贸易试验区新金桥路28号1201、3503室	021－61257890
2	东航期货有限责任公司	上海市闵行区吴中路686弄3号D幢16楼、18楼	021－64068796
3	东吴期货有限公司	上海市黄浦区西藏南路1208号6楼	021－63123019
4	东兴期货有限责任公司	上海市虹口区杨树浦路248号22楼	021－65456870
5	光大期货有限公司	中国(上海)自由贸易试验区杨高南路729号陆家嘴世纪金融广场1号楼6楼	021－22169060
6	国富期货有限公司	中国(上海)自由贸易试验区杨高南路799号25楼01、04室	021－20776198
7	国盛期货有限责任公司	中国(上海)自由贸易试验区世纪大道1501号501、502、503、505、506、507、508、509室	021－60738488
8	国泰君安期货有限公司	上海市静安区新闸路669号29楼、30楼	021－33038650
9	国投安信期货有限公司	上海市虹口区杨树浦路168号17楼A区域	4008001001
10	国信期货有限责任公司	上海市虹口区东大名路358号2001、2002、2003、2005、2006、2007、2008、2009、2010、2013、2015、2016、2017室	021－68865815
11	海通期货股份有限公司	中国(上海)自由贸易试验区世纪大道1589号17楼、6楼01、03、04单元、25楼、2楼05、03单元	021－61871688
12	海证期货有限公司	上海市虹口区临平北路19号3楼	021－65218887

续表

序号	公司名称	地 址	电 话
13	恒泰期货股份有限公司	上海浦东新区峨山路91弄120号2楼201单元	021-68405178
14	华闻期货有限公司	上海市黄浦区北京东路666号H楼31楼	021-50368918
15	华鑫期货有限公司	上海市黄浦区福州路666号21楼、22楼	021-63558998
16	建信期货有限责任公司	上海市浦东新区银城路99号502、503室	021-60635518
17	瑞银期货有限责任公司	中国(上海)自由贸易试验区花园石桥路33号3808室	021-38668216
18	上海大陆期货有限公司	上海市徐汇区凯旋路3131号明申中心大厦25楼、26楼	021-54071888
19	上海东方财富期货有限公司	中国(上海)自由贸易试验区世纪大道1500号12楼北座、902A室	021-68416966
20	上海东方期货经纪有限责任公司	上海市浦东新区松林路300号期货大厦1603室	021-68401477
21	上海东亚期货有限公司	上海市浦东新区松林路300号期货大厦2202-2205室	021-68400499
22	上海东证期货有限公司	上海市浦东新区松林路300号期货大厦14楼	021-68400610
23	上海浙石期货经纪有限公司	上海市浦东新区浦电路438号	021-50586902
24	上海中期期货股份有限公司	上海市浦东新区世纪大道1701号1301单元	021-61090799
25	申银万国期货有限公司	上海市浦东新区东方路800号7楼、8楼、10楼	021-50588811
26	天风期货股份有限公司	上海市虹口区黄浦路99号504、506、508室	021-56556181
27	天鸿期货经纪有限公司	上海市虹口东大名路501号32楼01、07、08室	021-60769640
28	通惠期货有限公司	上海市浦东新区陆家嘴西路99号7楼	021-68866986
29	铜冠金源期货有限公司	上海市浦东新区源深路273号(1、2、3楼)	021-68559999
30	新湖期货股份有限公司	上海市静安区裕通路100号36层,38楼3801-5室	021-22155599
31	中财期货有限公司	上海市浦东新区陆家嘴环路958号23楼	021-68866688
32	中辉期货有限公司	上海市浦东新区新金桥路27号10号楼5楼A区	021-60281688
33	中融汇信期货有限公司	上海市(上海)自由贸易试验区东育路255弄5号29楼	021-51557588
34	中银国际期货有限责任公司	中国(上海)自由贸易试验区世纪大道1589号903-909室	021-61088088